**FRANK BUSCHMANN
AM ENDE KACKT DIE ENTE**

AM ENDE KACKT DIE ENTE

Aus dem Leben eines Sportverrückten

Vorwort 7

So kam ich zu meinem Sport und
zu meiner Leidenschaft 11
Radio Hagen 17
Anfänge im TV 27
Das Dream Team 33
Wie wird man eigentlich Sportreporter 39
Die Zweite Liga am Montag 45
Nach Amerika 51
Michael Jordan 61
Hoop Heroes 67
Dirk Nowitzki 73
Dennis Rodman 83
Fußball EM und WM 91
Komische Momente 97
Basketball EM 2001 105
Ausflug in die Politik 117
Basketball EM 2005 125
Begegnungen 133
Am Ende kackt die Ente 141
Liga Total 149
Kommentator bei Schlag den Raab 161

Deutsches Haus Peking 2008 .... **169**
D-Day in Würzburg **175**
Die Tücken von Computerspielen **181**
Social Media **187**
EM im Netz **197**
Superbowl **209**
Herthinho **219**
Buschi-TV **225**
Die Geschichte mit der Linsensuppe **231**

Impressum **240**

VORWORT

ES GIBT EIN FERNSEHBILD, das werde ich mein Leben lang nicht vergessen. Es ist ein Zwischenschnitt aus dem Aktuellen Sportstudio Anfang der 80er-Jahre. Du warst zu sehen, wie du dir mit den Fingern über die Wange strichst, als du registriertest, dass das Rotlicht an der Kamera leuchtete und dich unter den Zuschauern zeigte. Du winktest etwas verschämt und auch ein bisschen verschmitzt in die Kamera, um uns daheim vor dem TV-Bildschirm zu grüßen. Wir haben uns übrigens weggeschmissen vor Lachen und fanden, das sah ulkig aus, um es mal vorsichtig auszudrücken. Das ist das Bild, das ich mein Leben lang nicht aus dem Kopf kriege. Du warst immer genau so Sport-bekloppt wie ich, du hast mich zuallererst zum Sport gebracht, im zartesten Alter zum Basketball. Du hast mir gesagt: »Versuch es doch auch noch mit Kicken«. Ich spielte also auch Fußball. Du hast mich auf den Tennisplatz geschleppt – ich glaube, du gewannst kein einziges Match gegen mich. Du warst immer ein Sportverrückter, einer, der alles geguckt hat, der selbst viel Sport gemacht hat. Basketball in Hagen in den 70er-Jahren. Du warst

Jugendwart. Da lag es nahe, dass das auch meine erste wichtige Sportart werden würde.

Wie gerne wäre ich den Weg, den ich im Sport und im Sportjournalismus gegangen bin, mit dir gemeinsam gegangen. Du entschiedst dich aber anders. Am 12. September 1983 hast du beschlossen, dir das Leben zu nehmen. Du dachtest, du seist nichts Wert, kein guter Ehemann, kein guter Vater, kein vollwertiges Mitglied der Gesellschaft. Wie kann man auch zweimal innerhalb kurzer Zeit den Arbeitgeber wechseln – dann ist man ja ein Versager. Was für ein Quatsch!

Du sehntest dich immer extrem nach Anerkennung. Manche Leute behaupten, das hätte ich von dir geerbt ... Und du achtetest immer extrem darauf, dass die Leute gut von dir reden. Das habe ich ganz sicher nicht von dir geerbt! Deine Frau, die Mami, deine Tochter, meine Schwester Heike, und ich fanden das damals unglaublich unfair, dass du uns, so haben wir es gesehen, alleine gelassen hast. Erst viel später erkannten wir, dass du krank warst. Aber wer hätte sich 1983 schon mit Depressionen beschäftigt?

Das Thema sollte mich in meiner Sportjournalisten-Laufbahn noch zweimal einholen. Das war zum einen, als Robert Enke sich auf exakt die gleiche Art und Weise unter exakt den gleichen Umständen das Leben nahm. Und das war, als ich, auch eine bemerkenswerte Fügung, an einem Samstagnachmittag einsprang als Moderator bei Liga Total. In jener Sendung, für die ich gar nicht vorgesehen war, in der aber ganz normal über den Spieltag in der Fußball-Bundesliga berichtet werden sollte. Babak Rafati, ehemaliger Schiedsrichter, versuchte an genau dem Tag sich in einem Kölner Hotel das Leben zu nehmen. Das warf unsere gesamte Sendung um, denn natürlich war das ein großes Thema. Für mich ein ganz besonderes »Live on Air«!

Das waren die schwierigsten Momente in meiner beruflichen Karriere.

Mich würde so unglaublich interessieren, wie du erlebt, wie du bewertet, wie du kommentiert hättest, was ich in diesem Buch näherbringen möchte, nämlich die Liebe und Leidenschaft zum Sport, zum TV-Sport, zum Beruf, eigentlich zu allem, was man anpackt. Was hättest du wohl dazu gesagt? Wie hätte dir das gefallen, wie ich von einer Basketball-Europa- oder -Weltmeisterschaft berichte? Wenn die Gäule mit mir durchgehen, wenn ich ausflippe? Hättest du gesagt: »Mach mal ein bisschen ruhiger?« Ich stelle mir vor, du wärst mit mir gereist, 2001 in die Türkei. Dort hättest du dann neben Vater Nowitzki am Pool gelegen. Ich hätte das alles so unglaublich gerne erlebt. Und ich gebe ganz offen zu, ich hätte es so unglaublich gemocht, ich hätte es so unglaublich toll gefunden, wenn du vielleicht irgendwann hättest sagen können, weil all das auch deiner Leidenschaft entspricht, dass du stolz wärst, dass du fändest, dass ich den richtigen Weg gegangen bin.

Vielleicht kriegst du das alles irgendwo mit. Vielleicht schaust du von irgendwo zu, schüttelst manchmal mit dem Kopf, sagst manchmal: »Ja, Ja! Ja«. Und manchmal: »Um Gotteswillen, nein.«

Fakt ist, du bist immer in meinem Herzen.

SO KAM ICH ZU MEINEM SPORT UND ZU MEINER LEIDENSCHAFT

WENN DU IN HAGEN groß wirst, dann ist alles ganz anders, anders als etwa in Dortmund – der Nachbarstadt von Hagen – oder auf Schalke, oder in Bochum … In Hagen wirst du nicht Fußballer, da gehst du direkt zum Basketball. Zumindest war das in den 60er-, 70er-Jahren so. Und schon mal erst recht, wenn dein Vater als Jugendwart bei *dem* Club der Stadt aktiv war, beim SSV Hagen. Er war total engagiert. Der SSV Hagen war der Club, bei dem Jimmy Wilkins spielte. 1974 Deutsche Meisterschaft, 1975 Pokalsieg. Der erste Basketballer mit Besuch im Aktuellen Sportstudio. Er führte vor, dass er springen konnte wie ein Flummi. Meine Mutter war glühender Jimmy-Wilkins-Fan, die ganze Familie drehte durch, Basketball war alles in Hagen in den 70er-Jahren. Und da musste der Kleene natürlich auch spielen. Und so war klar, dass ich mit sechs, sieben Jahren eigentlich gar keine Wahl hatte: ich wurde Super-Mini beim SSV Hagen.

Das war eine unglaublich schöne Zeit. Wir waren extrem erfolgreich, gewannen einfach alles, Stadtmeisterschaft, Kreismeisterschaft, westdeutsche Meisterschaft. Das ging ganz von selbst. Wir waren eine super Truppe, und nur mal so am Rande: von den elf, zwölf Jungs des 64er- und 65er-Jahrgangs, die damals zusammen begonnen hatten, spielten später sieben in der 1. oder 2. Basketball-Bundesliga. Da kann man von einem guten Jahrgang sprechen, ohne Frage. In der C-Jugend gab es den ersten ganz großen Höhepunkt: Mit einem Sieg im Finale gegen den USC Heidelberg wurden wir Deutscher Basketballmeister. Dabei profitierten wir von unserem alles überragenden Mann Ralf Risse, genannt X-Risse, später zigfacher deutscher Basketballnationalspieler. Der trug uns durch jeden Wettbewerb. In diesem Endspiel gegen Heidelberg machte er 45 von 80 Punkten.

Ich war immer der eher kleine, schmächtige Spieler, einen Kopf größer als ein Spiegelei. Als ich Ende der B-Jugend, also mit 16 Jahren, immer noch nur knapp 1,70 Meter maß, da schien die große Karriere eines X-Risse oder einiger anderer Mitspieler für mich in unmögliche Ferne zu rücken. Ich trat, ja, ich muss es zugeben, so ein bisschen den Rückzug an und wechselte zu einem kleinen Vorortverein in Hagen, dem SV Boele-Kabel.

Boele und Kabel sind zwei Vororte von Hagen. Dort wurde es aber richtig gut, denn in der Zeit zwischen 17 und 18 – das klingt jetzt komisch, war aber tatsächlich so – wuchs ich noch einmal um rund 17 Zentimeter, und mit 18 Jahren war ich auf einmal 1,86 Meter groß. Dazu ging ich in die Breite, ich meine damit jetzt keinen Speckmantel um die Hüften, sondern ich wurde richtig kräftig. Und plötzlich schien da doch noch was zu gehen.

Mit 17 spielte ich bereits in der ersten Herrenmannschaft, mit der wir durchmarschierten bis in die 2. Basketball-Bundesliga. Mit einem kleinen Klümpchenverein! Das muss man sich wirklich mal vorstellen. Eigentlich eine undenkbare Geschichte. War es am Ende leider tatsächlich, denn der Club konnte die finanziellen Rahmenbedingungen nicht schaffen, die es brauchte, um in der Zweiten Basketball-Bundesliga mitzumischen. Die Mannschaft fiel auseinander.

Mein Weg führte danach in Richtung BG Hagen, ebenfalls Zweite Basketball-Bundesliga. Dort habe ich fünf, sechs Jahre den Prinzen in der Provinz gemacht. Ich war, das kann ich wohl mit Fug und Recht behaupten, durchaus ein passabler Zweitligaspieler. Es gab Partien, da ging alles. Ich kann mich an ein Spiel gegen den TK Hannover erinnern, 37 Punkte, neun erfolgreiche 3er, meine Güte! Eine Woche später allerdings, im nächsten Spiel: alles danebengeschossen, nur zwei Punkte gemacht, katastrophale Leistung. Das beschreibt so ein bisschen, wie meine Karriere verlief – und erklärt meinen Spitznamen »Das schwarze Loch«. Heute, mit ein bisschen Abstand, weiß ich, dass ich Mitspieler, Trainer und Zuschauer allzu oft in die komplette Verzweiflung getrieben habe. Meist hat man den Ball einfach nie wieder gesehen, wenn er mir zugespielt wurde. Er war dann wie vom Universum verschluckt – denn ich wollte den Korb unbedingt selbst werfen. Das war für meine Mitspieler nicht immer einfach. Weiß ich heute. Habe ich damals ein bisschen anders gesehen. Damals fand ich mich einfach unglaublich gut.

Jedoch – irgendwann war klar, dass es für den ganz großen Wurf nicht reichen würde, will heißen: Erste Basketball-Bundesliga. Da eine Rolle zu spielen, fehlte es mir nicht nur an Körperlänge, es fehlte mir vor allem an Biss. Der Trainer des FC Bayern München und ehemalige Bundestrainer Svetislav Pesic wirft mir bis heute vor: »Oh, du warst ein Schneewittchen, wenn du den richtigen Kopf gehabt hättest, wenn du mehr Biss, mehr Ehrgeiz gehabt hättest, du hättest durchaus ein passabler Erstliga-Basketballer werden können!« Das ehrt mich vielleicht ein bisschen, zeigt vor allem aber deutlich, dass es an der richtigen Einstellung gefehlt hat. Das kann ich jetzt mit diesem langen Abstand durchaus auch zugeben. Früher hätte ich das niemals eingesehen. Ich habe diesen Sport ja so geliebt, von Beginn an, in all seinen Facetten. Ich habe Partien gehabt um Meisterschaften in der Jugend, um den Aufstieg in die Zweite Basketball-Bundesliga, gegen den Abstieg aus der Zweiten Basketball-Bundesliga. Ich hatte sogar mal eine Berufung zur deutschen Studenten-Basketball-Nationalmannschaft. Das war allerdings ein nicht ganz so glückliches Kapitel. Da galt ich mehr so als Feier-Biest. Obwohl ich wirklich nicht verstehe, warum Trainer Torry Schober, auch so eine Basketballlegende, immer dachte, ich sei der Initiator gewesen, wenn gefeiert wurde. Ist mir unerklärlich. Ich werde dieses Mysterium an dieser Stelle auch nicht auflösen.

Als ich also mit Ende 20, Anfang 30 definitiv erkennen musste, dass es für den ganz großen Wurf nicht reichen würde, habe ich gleichzeitig gedacht: »Das ist so ein geiler Sport, der hat mir so viel gegeben, ich liebe diesen Sport, ich muss irgendwie dabeibleiben.« Trainer, Management – hätte ich langweilig gefunden. Also, was macht einer, der vor allem eine große Klappe hat (auch das hat meine Trainer übrigens hin und wieder in den Wahnsinn getrieben)? Er spricht über das, was er so sehr liebt! Und genau darauf werden wir in diesem Buch ja noch sehr oft zurückkommen.

RADIO HAGEN

PARALLEL ZU MEINER mittelprächtigen Zweitliga-Basketball-Karriere – der ganz große Superstar war ich ja nun mal nicht – machte ich mir also langsam, aber sicher Gedanken über meine Zukunft. Denn nicht nur sportlich, sondern auch finanziell reichte es nicht wirklich. Zur damaligen Zeit, in den 80ern und Anfang der 90er-Jahre, konntest du vom Basketball nicht wirklich gut leben, geschweige denn dir ein ausreichendes Polster für die Zeit nach der aktiven Laufbahn zurücklegen, es sei denn, du warst in der Bundesliga ein absoluter Top-Mann wie Henning Harnisch oder solche Größen. Aber welche Aussichten hatte ich?

Klar, ich studierte an der Deutschen Sporthochschule in Köln. Dort gab es nämlich ideale Trainingsbedingungen. Zusätzlich zum Training bei meinem Hagener Club eine prima Möglichkeit, an meiner Fitness zu arbeiten. Als Berufsausbildung sah ich das Studium, ich muss es leider zugeben, nicht. Obwohl ich immer allen Leute erzählte: Ich studiere jetzt Sport! Auf Diplom! Außerdem Geschichte! An der Uni! Das war so meine Rechtfertigungsstrategie, damit gaukelte ich mir selbst ein bisschen vor, dass ich was Anständiges, was Richtiges mache und mir alle Wege offenstehen, sei es als Journalist, sei es im Schulamt. Frank Buschmann als Lehrer – das wäre ein Spektakel geworden!

Andererseits hatte ich tatsächlich die ganze Zeit über schon mit der Vorstellung geliebäugelt, Sportjournalist zu werden. Und dann schlug das Schicksal zu, der Zufall, wie auch immer man das bezeichnen möchte. Meine Schwester arbeitete damals, Ende der 80er-Jahre, in Hagen bei einem Anwalt. Der saß im Verwaltungsrat des neu gegründeten Lokalradios in Hagen. Irgendwann sprach er meine Schwester an: »Hör mal, der Frank, dein Bruder, der hat doch eine große Klappe« – keine Ahnung, wie er darauf gekommen sein mochte –, »außerdem kennt er sich im Sport aus ...« Ich war damals Ende 20. Ich konnte noch locker fünf, sechs Jahre Basketball spielen. Aber der hatte schon mitbekommen, dass ich auf der Suche war und noch was anderes machen wollte. Er ließ also über meine Schwester anfragen, ob ich mir vorstellen könnte, beim Radio zu arbeiten. Dabei hatte ich so was überhaupt noch nie gemacht. Wie gesagt, eine relativ große Klappe hatte ich schon. Was übrigens etwas völlig anderes ist. Nur eine große Klappe haben oder aber vor einem Mikrofon oder vor einer Fernsehkamera sprechen, das sind zwei völlig unterschiedliche Paar Schuhe! Darauf kommen wir später in diesem Buch noch zurück.

Natürlich habe ich sofort ja gesagt! Ohne im Geringsten zu wissen, worauf ich mich einließ. Ich hatte noch nie ein Radiostudio von innen gesehen, mir noch nie Gedanken darüber gemacht, wie man einen Beitrag aufbaut, wie man in einer Livereportage spricht, wie man moderiert, was in einem Studio abgeht, wie man einen Beitrag schneidet ... Null Ahnung!

Doch die Tür öffnete sich: Radio Hagen. Das war eine Redaktion von Leuten, die entweder ein Studium absolviert hatten oder an Journalistenschulen gewesen waren und zum Teil schon über erhebliche Berufserfahrung verfügten. Und da hinein platzte der Pseudo-Basketballprofi mit der großen Klappe, um in der Sportredaktion mitzumischen.

Das entpuppte sich, wie sollte es anders sein, als nicht ganz so einfach. Unser damaliger Chefredakteur kam vom Norddeutschen Rundfunk, ein ganz alter Hase von den öffentlich-rechtlichen Medien. Er hatte genaue Vorstellungen, wie man eine Livereportage spricht und wie man als Moderator im Studio agiert. Davon war ich Lichtjahre entfernt. Dazu kam, dass ich parallel ja noch Basketball spielte und immer sagen musste, dann und dann und dann kann ich nicht. Für einen Sportreporter keine ganz ideale Voraussetzung. Ich fiel immer mindestens an einem Tag am Wochenende aus, um mit der BG Hagen in der Zweiten Basketball-Bundesliga unterwegs zu sein. Und ein Sportreporter, der am Wochenende nicht regelmäßig arbeiten kann, ist natürlich eine Lachtaube, ein Treppenwitz. Das ist mir aber erst so im Laufe der Jahre klar geworden.

Immerhin fand sich nach und nach eine super Truppe zusammen. Da war zum Beispiel Michael Körner, mittlerweile ebenfalls im Fernsehen aktiv. Er ist der Poker-Papst unter den Kommentatoren in Deutschland und natürlich ein richtig guter Basketball-Reporter. Wie ich startete er seine Karriere damals bei Radio Hagen. Ein anderer Kollege war Harry Wandke mit seiner unfassbaren Stimme. Später wurde er zu *der* Morgenstimme bei Radio Hagen (das sich übrigens bis heute als kleiner Lokalsender mit sehr, sehr guten Einschaltquoten gehalten hat). Leider ist Harry viel zu früh verstorben.

Und so zogen wir denn aus in die Welt, zu den unterschiedlichsten Sportevents, auch ich (wenn ich denn am Wochenende mal Zeit hatte...), ausgestattet mit einem sogenannten Reportofon. Das Ding wog gefühlte 20 Kilo. Ab damit ins Auto, ein alter Opel Astra war das, glaube ich. Oder ein Kadett? Das ist schon so lange her. Auf jeden Fall ein alter Opel, und los! Anfangs wurde ich meist zum Basketball geschickt, zu den Erstliga-Spielen. Von Anfang an habe ich mich bei meinen Livereportagen vor allem dadurch ausgezeichnet, dass ich dermaßen laut brüllte, dass sich die Techniker im Studio in der Innenstadt in Hagen regelmäßig beschweren, ich solle mal ein bisschen leiser machen, sonst übersteuert, überdreht das. Überdrehen – das ist wohl das richtige Stichwort. Ich habe immer schon, nun ja, emotional berichtet. Vielleicht ein bisschen zu sehr.

Ich habe auch andere Dinge als Sport gemacht, eine Livereportage im Hundefrisiersalon zum Beispiel. Aber dadurch, das ist mir erst später klar geworden, durchlief ich eine unglaublich gute Schule, nämlich das berühmt-berüchtigte *Learning by Doing*. Mach mal drei Minuten live, wie ein

Pudel frisiert wird! Im Radio! (Was noch mal ein ganz großer Unterschied zum Fernsehen ist, weil man den Leuten ja etwas vor Augen führen muss, was sie nicht sehen; man muss ihnen die Szenerie so anschaulich beschreiben, dass sie vor ihrem geistigen Auge erscheint, muss erzählen, wie der Fiffi dasitzt, wie er vom Hundefriseur zurechtgemacht wird ... Das ist eine große Kunst! Aus dieser Zeit rührt meine bis heute anhaltende Bewunderung für herausragende Live-Radioreporter her. Was die machen, ist, was die Sprache betrifft, tausendmal schwieriger als der Job eines Fernsehreporters, der ja immer noch das Bild dabei hat, das für sich selbst spricht. Der Fernsehreporter muss ja vor allem lernen, auch mal die Klappe zu halten, er muss schweigen können und darf nicht in den Fehler verfallen, das zu beschreiben, was man sowieso sieht. Jedenfalls, es gibt da große Unterschiede!)

Alles war gut, bis eines Tages mein Chef – es war nicht mehr derjenige, der vom Norddeutschen Rundfunk gekommen war; beim Lokalrundfunk war es zumindest früher so, dass die Bosse häufiger wechselten – zu mir sagte, und jetzt wird es spannend: »Du bist ein Verrückter, du hast eine Gabe, du kannst Emotionen transportieren – aber für eine Karriere in den elektronischen Medien, da fehlt dir die Stimme!« Für mich war das ein Schlag komplett ins Kontor ... Stell dir vor, du bist beim Radio, und irgendwann, nach zwei Jahren oder so, sagt dir dein Chefredakteur: »Ja, du bist eigentlich ein ganz witziger Typ, und hier fürs Lokalradio reicht das, aber für eine Karriere in den Medien, für einen größeren Radiosender oder einen Fernsehsender, nein, also mit der Stimme wird das nichts ...« Aus dieser Zeit stammt mein Lieblingsspruch: Ich bin ein Radio-Gesicht und eine Zeitungs-Stimme, fürs Fernsehen nicht hübsch genug und fürs Radio die Stimme zu dünn.

Na, irgendwie hat die Karriere dann doch Fahrt aufgenommen. Relativ schnell sogar. Nach einem halben, dreiviertel Jahr wurde ich, trotz dünner Stimme, Sportmoderator. Ich kannte mich im Sport halt gut aus und bekam einen guten Zugang zu den Sportlern. Das fand natürlich alles auf Lokal-Ebene statt, wir waren ja ein Lokal-Radio. Aber egal, wenn da mal ein Gast im Studio war, ein Handballer, Basketballer, Tennisspieler oder so, dann hat der sich bei mir offensichtlich wohlgefühlt. Ob dabei meine Interviews immer so super aufgebaut waren, ob ich immer an all die Dinge gedacht habe, die man auf Journalistenschulen so lernt – vermutlich eher nicht. Aber ich habe immer versucht, eine persönliche Beziehung herzustellen und bekam auf dieser Schiene einen Zugang zu meinen Interviewpartnern. Das mache ich bis heute so.

Als dann der Sport in den Lokal- und Regionalradios etwas runtergefahren wurde, weil man glaubte feststellen zu können, dass das bei der breiten Masse der Hörer eben doch nicht so der Knaller ist, kristallisierte sich als beliebteste Sendung für einen Moderator im Lokalen die Morningshow heraus, also die Sendung, bei der du morgens von sechs bis neun hinter dem Mikro sitzt und die Leute in den Tag geleitest. Und auch da bin ich nach etwa anderthalb Jahren irgendwie reingerutscht und konnte meinen kompletten Irrsinn weiter ausleben.

Wir waren die erste Generation – wir befinden uns Anfang der 90er-Jahre –, die ihre Selbstfahrer-Studios bekamen. Das heißt, du saßest im Studio und hattest ganz viele Knöpfe und Geräte vor dir. Du musstest sogenannte Dat-Kassetten einlegen, um die Musik oder Werbespots abzuspielen, und anschließend Regler rauf- und runterziehen. Du hattest noch Telefone im Studio, auf die die Hörer zugeschaltet werden konnten – per Lichtsignal (geklingelt hat das natürlich nicht). Noch während Du sprachst, legtest Du die nächste Kassette ein, um den nächsten Musiktitel *vorzucuen*, wie wir das nannten. Der größte Ehrgeiz von Radiomoderatoren damals war das sogenannte Ramp-Talking. Das ging, glaube ich, vielen Leuten extrem auf den Senkel, weil sie den Titel ganz hören wollten, aber die Radiomoderatoren damals schaukelten sich gegenseitig hoch und freuten sich wie Bolle, wenn sie über die Ramp, also das Intro eines Titels, so gesprochen haben, dass sie genau in der Sekunde fertig waren, in der der Gesang einsetzte. Das so als kleiner Ausflug am Rande. Heute ist ja alles anders, heute am Computer läuft alles mehr oder weniger von selbst.

Aber nicht nur die Hörer wurden mitunter in den Wahnsinn getrieben. Immer häufiger schaffte ich das auch bei meiner *Dann*-Chefredakteurin (wie gesagt, Buschi blieb, die Führungspositionen wechselten ...). Irgendwann, ich hatte die Technik einigermaßen im Griff, Regler rauf, Regler runter, Card rein, Card raus, einfach drauflosquatschen, machte ich zunehmend so Geschichten wie: Warum steigt der Wasserverbrauch während des Football-Finales beim Super-Bowl in den USA in der Halbzeitpause extrem an? (Weil dann alle gleichzeitig aufs Klo gehen und alle mehr oder weniger gleichzeitig die Spülungen betätigen.) Analog dazu wollte ich testen, ob nicht auch der Stromverbrauch in Hagen in ungeahnte Höhen zu treiben wäre. Ich rief also dazu auf – es war frühmorgens im Winter, draußen noch stockduster –, dass alle Leute, die mich jetzt hörten, bitte mal alle Lichter in ihrer Wohnung anknipsen sollten. Unser Studio lag mitten in der Stadt. Ich schaute aus dem Fenster, und in ganz, ganz vielen Häusern um mich herum, klack-klack-klack-klack-klack, gingen die Lichter an. Ich freute mich wie ein Schweinchen und fand das supertoll. Unsere Chefredakteurin aber nicht, weil das war ja ein Aufruf zur Stromverschwendung! Ich weiß nicht, was so was beim Energieverbauch wirklich ausmacht. Ich hatte jedenfalls einen mordsmäßigen Spaß bei der Moderation.

Mit der Zeit machte ich alles: Livereportagen, Moderationen, Interviews. Ich bin auch rausgegangen und habe Beiträge geschnitten. Damals musste man noch kleben, mit Klebestreifen. Es gab Tonbänder, die wurden auf Spulen gezogen, und wenn man geschnitten hat, hat man im wahrsten Sinne des Wortes Teile der Bänder rausgeschnitten und die Enden mit einem Haftstreifen zusammengefügt. Daher der Name Cutter. So war das damals tatsächlich, das habe ich noch erlebt – was für ein alter Kerl bin ich eigentlich schon? Schließlich habe ich – die Königsdisziplin! – die Morgensendung moderiert und tatsächlich gedacht, Mann, du bist ein Mordsmolli, du hast es geschafft, du bist Radiomoderator! Und das alles parallel zum aktiven Sport – das lief ja noch immer weiter, ich spielte noch immer in der zweiten Liga, später Regionalliga. Ich fühlte mich ganz oben auf!

Was dann noch alles kommen sollte, das ahnte ja kein Mensch, am wenigsten ich selbst ...

ANFÄNGE IM TV

IMMER WIEDER FRAGEN mich Fans: Wie kannst du dich für so viele unterschiedliche Sportarten gleichzeitig begeistern? Fußball – klar, Basketball – klar. Aber Moderner Fünfkampf, Schwimmen, Wasserball ... wie geht das?

Na ja, obwohl ich in erster Linie Basketball, zwischendurch parallel auch mal ein bisschen Fußball gespielt habe, war ich immer, seit ich denken kann, total sportverrückt. Jedes Buch zu Olympischen Spielen, das ich in die Finger kriegte, las ich vorwärts und rückwärts, alles, was im TV mit Sport zu tun hatte, schaute ich mir an – sofern es meine Eltern irgendwie erlaubten. Wettbewerb, Wettkampf, das fand ich an sich unglaublich spannend. Das musste nicht Fußball oder Basketball, das konnte jede Sportart sein. Und wenn ich das als Sportjournalist begleiten kann ... Man kann sicher nie alle Sportarten perfekt beherrschen. Aber man kann sich einfühlen, man kann sich reinarbeiten. Dann ist das einfach ein sensationeller Job.

1993, ich hatte beim DSF noch gar nicht lange unterschrieben, hatte der Sender die Weltmeisterschaft im Modernen Fünfkampf in Darmstadt gekauft. Das DSF war jung, ein bisschen so ein Startup-Unternehmen, die Redakteure waren es auch, junge Leute, die eigentlich, zumindest zum Teil, nicht so ganz viel Ahnung vom Fernsehmachen hatten. Wir selber nannten uns scherzhaft die »Videogruppe Ismaning«. Aber es gab unfassbar viele Möglichkeiten. Moderner Fünfkampf also: vor allem die Frauen waren damals ganz gut. Kim Raisner war ein Name, der mir durchaus was sagte. Also meldete ich mich. Bald reisten wir mit ein paar Mann nach Darmstadt, vom Status her Redakteure, im Grunde eine bessere Studententruppe. Als jemand, der gerade mal zwei Monate, glaube ich, bei dem Laden dabei war, kam ich als Moderator oder als Live-Kommentator für diese Sportart nicht in Frage. Ich sollte vielmehr Zusammenfassungen von den Schwimmwettkämpfen schneiden und anschließend vertonen.

Vom Schnitt hatte ich – ich weiß gar nicht, ob man das erzählen soll – nicht unbedingt viel Ahnung. Beim Schnitt sollte man schon ein bisschen darauf achten, dass dem Zuschauer klar wird: die schwimmen in einem Becken hin und her. An so was hatte ich natürlich nicht gedacht. Bei mir schwammen alle immer in die gleiche Richtung. *Achssprung* nennt das der Fernsehfachmann. Davon hatte ich noch nie etwas gehört. War mir auch nicht ganz so wichtig. Meine Zusammenfassung war fertig, als andere Kollegen bei einem Fünfminüter noch bei Sekunde 30 waren ... Die gaben sich eben viel mehr Mühe. Was heißt viel mehr Mühe! Die achteten auf die Feinheiten, auf die fernsehspezifischen Dinge, die ich alle gar nicht kannte – und fassten sich an den Kopf! Nach einigen Korrekturen lief dann aber auch meine Zusammenfassung vom Schwimmen – immer schön hin und her, wie es sich gehört.

Die Abschlussdisziplin beim Modernen Fünfkampf ist das Springreiten. Das machten wir live, kommentiert von Uli Jansch, ein für unsere Verhältnisse damals schon unfassbar erfahrener Mann im TV-Bereich. Und nun trug es sich zu, dass diese Weltmeisterschaft von Richard Phelps dominiert wurde. Der erste Brite, der im Modernen Fünfkampf bei einer WM Gold gewann. Das war etwas Besonderes! Wir als übertragender deutscher Sender mussten diesen Mann natürlich unbedingt in einem Interview präsentieren! Als der Sendeleiter allerdings fragte, wer das Interview denn machen wolle, wurde es plötzlich merkwürdig still. Ich war auch ein bisschen überrascht. Alle sagten: »Nö, also ich lieber nicht.« Klar, keiner war vorbereitet, jetzt gleich vor die Kamera zu treten und ein Interview zum Modernen Fünfkampf, also über Fechten, Schwimmen, Laufen, Schießen und Springreiten, zu führen, und dann auch noch mit einem Briten auf Englisch, der überdies völlig aus dem Häuschen war. Also wurde das meine Sache, kein Problem. Ich hatte zwar nicht unbedingt die passende Kleidung mit (das war auch in den Folgejahren, wenn ich als Moderator auftrat, nicht gerade meine Stärke), aber mein Englisch war passabel, einfach aus dem Grund, weil ich als Basketballer immer mit US-Amerikanern zusammen gespielt hatte und die Amtssprache sozusagen immer Englisch war. Ich sprach zwar kein

Oxford-Englisch, aber es gelang mir, Richard Phelps unfallfrei zu interviewen. Mir hatte es sogar Spaß gemacht, mit dem Mann über seine Leistung beim Laufen, seine Technik beim Fechten und die Besonderheiten bei der entscheidenden Disziplin Springreiten, wo die Pferde zugelost werden (im wahrsten Sinne des Wortes ein Lotteriespiel) zu fachsimpeln. Ich hatte gemerkt, Mensch, vor einer Kamera zu agieren, ist wirklich dein Ding! Dass das rote Licht leuchtete, hatte mich nicht im Geringsten gestört.

So kam es, dass mich noch in der Woche nach den Wettkämpfen mein Vorgesetzter beim DSF fragte, ob ich mir generell vorstellen könnte, nicht nur live zu kommentieren (das war im Basketball bereits der Fall), sondern auch vor der Kamera zu moderieren. Und wie ich so bin, konnte ich mir das selbstverständlich vorstellen! Also las ich in der Folge ab und an die Sportnachrichten vor und stand bei unterschiedlichen Sportarten wie Handball, Basketball und Fußball immer mal wieder vor der Kamera. Da war es wieder, das berühmt-berüchtigte Learning by Doing. Das war damals möglich. So auch im Folgejahr 1994, als es hieß, wir reisen zur Schwimmweltmeisterschaft nach Rom – ja, das hat es tatsächlich mal gegeben, Schwimmen im Fernsehen, damals, beim DSF! Ich hatte mich für die Wasserball-Übertragung gemeldet, kannte ich doch einige Wasserballer aus der Schulzeit in Hagen und dachte, es sei eine gute Gelegenheit, mit denen in Rom ein bisschen durch die Gegend zu toben. Leider schafften die Jungs nicht den Sprung unter die besten acht, eine ganz dusselige Niederlage im letzten Vorrundenspiel gegen die USA mit zwei Toren Differenz, hätte nicht sein müssen. Trotzdem war auch das wieder eine Erfahrung: Man steckte mich als Moderator in so einen schwarzen Badeanzug, da stand »Das A-Team« drauf, für die A-Nationalmannschaft, und ließ mich im Becken stehend moderieren. Ich durfte mich schön zum Horst machen. Aber meine Güte, man muss über sich selbst lachen können und Dinge ausprobieren.

Als Live-Berichterstatter war schnell Schluss, nachdem die Wasserballer raus waren. Als Redakteur ging ich aber weiter zu den Schwimmwettkämpfen. Ich saß auf der Tribüne, als Franziska van Almsick knapp den Einzug in den Endlauf über 200 Meter Freistil verpasste. Untergangsstimmung, übrigens auch beim DSF, denn sie war der Goldfisch, sie war die Schwimmerin, die natürlich für die Topquoten sorgte. Aber dann verzichtete Dagmar Haase aus sportlichen Gründen auf ihre Teilnahme am Endlauf, wodurch Franziska van Almsick doch noch reinrutschte. Das war natürlich *die* Geschichte bei der Schwimm-WM in Rom. Das wurde rauf- und runterbearbeitet, auch im Nachgang noch. Mir wurde gesagt, Buschi, setz du dich während des Endlaufs bitte mal auf die Tribüne zu den Eltern von Franziska, wir drehen da ein bisschen mit der Kamera, da können wir bestimmt so ein buntes Stück zu machen (so wurde das damals, und ich glaube, so wird das auch heute noch genannt). Ich setzte mich also neben die Eltern van Almsick, und dann gab es dieses Stück, aber nicht bunt, sondern Schwimmhistorie. Franziska gewann mit elf hundertstel Sekunden Vorsprung vor einer

Chinesin – in Weltrekordzeit! – und ihre Mutter fällt als erstes wem um den Hals? Ausgerechnet mir! Zugegeben, sie reagierte schnell und wendete sich danach gleich ihrem Mann zu. Aber wir hatten das Bild und einen riesen Lacher dazu. Dieser bunte Bericht hatte sich absolut gelohnt!

DAS DREAM TEAM

1992 WAR SOWOHL für den internationalen Basketball als auch – damit zusammenhängend – für meine sportjournalistische Laufbahn ein ganz entscheidendes Jahr.

Erstmals in der Geschichte von Olympia waren die Vollprofis aus der NBA zugelassen. Die USA reiste mit allem, was sie hatten, nach Barcelona. Und das war eine ganze Menge. Basketball-Fans werden sofort wissen, was ich meine: Zwei Mega-Mega-Legenden der 80er-Jahre: Larry Bird von den Boston Celtics und Earvin »Magic« Johnson, der Star von den Los Angeles Lakers, waren die Leuchttürme des *Dream Team*, wie die US-amerikanische Basketball-Nationalmannschaft nur genannt wurde. Dazu kam ein Haufen Spieler, die die 90er-Jahre dominierten: Michael Jordan und Scottie Pippen, das kongeniale Duo von den Chicago Bulls, Charles Barkley von den Phoenix Suns ... Es war wirklich eine unfassbare Ansammlung von Superstars. Das Basketballturnier war ganz klar dasjenige, auf das sich alle, aber auch wirklich alle in Barcelona am meisten freuten, Fans wie Journalisten. Die Veranstaltung hatte ein bisschen was von Zirkus.

Ich wollte in Barcelona unbedingt dabei sein, sei es als Zuschauer, oder – noch besser, quasi der Buschi-Dream – als Berichterstatter. Für einen Reporter vom Lokalradio in Hagen aber eigentlich eine Mission Impossible.

Natürlich verfolgte ich im Vorfeld von Olympia die Qualifikation der deutschen Nationalmannschaft. Es war ein harter und steiniger Weg, aber letztendlich schafften es die Jungs, angeführt von ihrem Superstar Detlef Schrempf. Kurz vor den Olympischen Spielen hatte ich versucht, ein Interview mit ihm zu bekommen. Er spielte in der NBA, hatte in den USA das College absolviert und kaum mehr Verbindungen nach Deutschland. Das spürte man auch im Umgang mit ihm. Zu Journalisten war er immer ein bisschen unnahbar. So richtig greifen konntest du den nicht. Er ging lieber auf Distanz. Einmal hatte ich es geschafft – es wurde gleich mein bis dahin bestverkauftes Interview. Warum ich das erzähle? Ich hatte offensichtlich mal andere Fragen gestellt, Fragen, die auch in die Feinheiten, in taktische und fachliche Richtungen gingen. Jedenfalls sprach mich Blacky Schwarz, der Berichterstatter der deutschen Presseagentur, bei einem Testspiel in Gießen darauf an. Am Ende des Kapitels werden wir ihm wiederbegegnen.

Aber wie kam ich bloß nach Barcelona? Das war die Frage. Mein Akkreditierungsversuch wurde umgehend abgelehnt. Gott sei Dank kannte ich jemanden, der an Tickets rankam, nämlich Charles Bretz, den Vizepräsidenten des damaligen Bundesligavereins Brandt Hagen. Der sagte sofort: Pass auf, Buschi, wir fliegen mit ein paar Leuten nach Barcelona, ich habe dort ein Haus, ganz in der Nähe an der Küste. Komm doch einfach mit, du kannst dort wohnen, dann fahren wir mal gemeinsam nach Barcelona und schauen uns ein bisschen was an …

Ich dachte, der will mich veräppeln. Ich spielte ja gar nicht in seiner Mannschaft, sondern bei der Konkurrenz in Hagen. Aber plötzlich saß ich trotzdem mit ihm in seinem Haus in Spanien und spekulierte darüber, für welche Spiele man vielleicht noch Karten bekommen könnte. Charles Bretz grinste mich an und sagte: Ich habe schon welche! Die Erklärung: Rimas Kurtinaitis, litauischer Nationalspieler, europäischer Superstar, späterer Sportminister Litauens, war einer seiner Spieler, und über den lief das ganz easy. Wir bekamen sogar Karten für zwei Vorrundenspiele der US-Amerikaner. Das war natürlich ein Traum!

Diese Gelegenheit wollte ich beim Schopfe packen. Ich dachte, dann nehme ich mal schön mein Aufnahmegerät mit, das werde ich schon irgendwie in die Halle bekommen. Das Thema war aber schnell erledigt, bereits am ersten Security-Check fing man mich ab: Haben Sie eine Akkreditierung als Journalist? Nein. Also gleich wieder zurück zum Auto und das Gerät wegbringen. Wurde also nichts aus einem Interview, aber als Zuschauer war's auch ganz schön, nicht so sehr das Spiel – das war relativ unspektakulär, könnte irgendwas in Richtung Brasilien gegen Venezuela gewesen sein –, aber die Atmosphäre, die war schon was ganz Besonderes.

Ich kannte aber Charles Bretz noch immer nicht wirklich. Der kam nun auf die Idee, das Aufnahmegerät in die

Halle zu schmuggeln, und zwar über die Litauer. Die Spieler würden doch garantiert nicht kontrolliert werden, wenn die da mit dem Bus vorführen, meinte er, das werde schon funktionieren.

Ich dachte, niemals wird das funktionieren, die sind doch nicht blöd! Aber genau so ist es dann gelaufen. Und nicht nur hatte ich das Gerät in der Halle, sondern gleichzeitig auch ein paar Interviews mit den litauischen Jungs in der Tasche, die im europäischen Basketball damals wirkliche Hausnummern waren. Mit Arvydas Sabonis schipperten wir später sogar auf dem Boot von Charles Bretz an der Küste entlang. Und ein Mitspieler von Rimas Kurtinaitis, der NBA-Star Sarunas Marciulionis von den Golden State Warriors, stellte wiederum den Kontakt zu einigen NBA-Jungs her – ja hörte das Glück denn gar nicht mehr auf, mich zu küssen?

Na ja, die so entstandenen Interviews zu verkaufen, stellte sich dann als nicht ganz so einfach dar. Alle, die ich kontaktierte, legten nämlich direkt auf: Was ist das denn für ein Spinner, der uns hier irgendwelche Interviews vom Basketball bei den Olympischen Spielen andrehen will, geht doch gar nicht! Allmählich sprach sich aber rum, dass da jemand bereit ist, ziemlich ungewöhnliche Wege zu gehen, um an Basketballstorys zu kommen. Das war auf jeden Fall ein weiterer Schritt in meiner Karriere, auch wenn noch nicht in Form von Folgeaufträgen. Aber es kam zu Kontakten, die später wichtig wurden.

In erster Linie genoss ich es einfach, dabei sein zu können. Den Auftritt der USA gegen Angola werden ich nie vergessen, eine Riesenshow. Barkley blockte alles weg, Jordan: nur Fliegen ist schöner, Mullin haute von draußen alles rein, Johnson mit seinem unvergessenen Lächeln und dabei lässig Pässe rausspielend, die vor ihm und nach ihm kein Basketballspieler in der Lage war zu spielen, Larry Bird, die Wurfmaschine ... Larry Bird konnte sich übrigens nicht auf die Auswechselbank setzen, weil er so extreme Rückenschmerzen hatte. Er legte sich bäuchlings auf ein Handtuch neben die Bank. Während des gesamten Turniers nahmen die Amerikaner nicht eine einzige Auszeit, mussten sie einfach nicht, so dominant waren sie. Und die Gegenspieler, egal ob Litauer, Venezuelaner oder Brasilianer, holten sich vor und nach dem Spiel Autogramme vom Dream Team. Manchmal hörte man ein lautes Rotorengeräusch. Das waren die Hubschrauber, die den Bus des Dream Team zur Halle begleiteten. Das ist kein Witz. Aus Sicherheitsgründen wurde alles von oben überwacht. Wenn es laut wurde, wusste man, das Dream Team ist im Anflug.

Die Spieler wohnten natürlich auch nicht im Olympischen Dorf, sondern in einem Nobelhotel in Barcelona. Der knappste Sieg, den die Amerikaner einfuhren, war im Finale gegen Kroatien. Das gewannen sie »nur« mit 30 Punkten Unterschied ... In diesem Turnier wurde mein Wunsch, an so was näher dran zu sein, so was intensiver und vielleicht irgendwann mal live zu begleiten, geboren.

Am Ende des Turniers traf man sich in einem kleinen Café am Rande der Halle. Da saßen sie, die Granden des deutschen Basketball-Journalismus, von der dpa Blacky

Schwarz, vom sid Günter Borg, vom Westdeutschen Rundfunk Dietmar Schott, der im Hörfunk live reportiert hatte. Und ich mitten drin! So weit war's also gekommen. Blacky Schwarz hatte es ja schon immer gewusst. Er prophezeite mir eine Karriere als Journalist. Ich dachte nur: »Ja, ja, danke für die Blumen.« Ich konnte ja wirklich nicht damit rechnen, dass sich ein Sportspartenkanal entscheiden sollte, die Basketball-Bundesliga zu übertragen und dafür einen Reporter suchte – und zwar bereits ein halbes Jahr später!

WIE WIRD MAN EIGENTLICH SPORTREPORTER

GANZ OFT STELLEN mir Schüler und Studenten die Frage: Wie werde ich eigentlich Sportreporter? Wie komme ich dahin, die Fußball-Bundesliga, Basketball-Welt- und Europameisterschaften, NBA, Superbowl ... live zu kommentieren oder als Moderator vor der Kamera zu stehen und Interviews mit Kevin Prince Boateng, Matthias Sammer, Bastian Schweinsteiger, Denis Rodman, Michael Jordan, wem auch immer, zu führen?

Und dann muss ich leider immer sagen: Den einen Weg, den gibt es ganz einfach nicht. Man kann einfach nicht sagen, du musst Journalismus oder Sportjournalismus studieren, dann ein Volontariat bei einem großen Sender machen, und dann wirst du Redakteur, Kommentator, Moderator.

So funktioniert das nicht. Wenn ich Tipps geben sollte, dann wären es zwei, drei Dinge, von denen ich persönlich überzeugt bin. Das muss noch lange nicht der Weg des Erfolgs sein, sondern spiegelt lediglich meine Erfahrungen. Also, als Allerallererstes musst du, wie ich finde, Sport-verrückt, Sport-bekloppt sein, du musst den Sport lieben. Sicherlich ist es nicht hinderlich, wenn du selbst mal Sport gemacht hast, im Idealfall sogar auf etwas höherem Level. Aber unbedingt notwendig ist das nicht. Nur solltest du lieben, was du machst.

Ich glaube übrigens, dass das nicht nur explizit für den Sportjournalismus gilt, sondern für alles, was du im Leben tust. Geht immer ein bisschen leichter, wenn du magst, was du so veranstaltest.

Ist diese Voraussetzung gegeben, sollte noch eine gewisse Ausdrucksfähigkeit dazu kommen. Es hilft ganz sicher, wenn du keine Scheu hast, frei zu sprechen. Schließlich haben wir es mit elektronischen Medien, mit Hörfunk, Internet, TV, zu tun. Eine entsprechende Ausbildung ist da natürlich ein Riesenvorteil. Deshalb würde ich auch immer dazu raten, die Schule fertig zu machen, im Normalfall – aber was ist schon normal? – auch ein Studium zu absolvieren. Wenn ich überhaupt einen Studiengang empfehlen würde, dann immer das Fachgebiet, in dem man sich später tummeln möchte. Wer also Sportjournalist werden möchte, wäre nicht schlecht beraten, irgendwas mit Sport zu machen. Darüber hinaus wäre ein Aufbaustudiengang eine große Hilfe, bei dem man journalistische Techniken lernt, also wie frage ich, wie drücke ich mich aus, was macht gute Recherche aus und was sonst so dazu gehört.

Dann würde ich persönlich empfehlen, hartnäckig zu bleiben, nie locker zu lassen. Das heißt: will ich in die elektronischen Medien und gibt es ein Lokal- oder Regionalradio bei mir in der Stadt, dann gehe ich dahin und nerve die, dann sage ich, ich will, ich will, ich will. Klar, das klingt jetzt fürchterlich einfach und wird auch nicht immer funktionieren. Manchmal geht wahrscheinlich erst gar nicht die Tür auf. Aber ich sage ja nicht, dass ich die Patentlösung habe, wie es auf jeden Fall klappt. Ich denke nur, wenn man von etwas hundertprozentig überzeugt ist, wenn man etwas wirklich liebt, dann funktioniert dieser Weg – man muss ihn nur gehen.

Bei mir war es so, dass ich – ich habe das beschrieben – beim Lokalradio damals sozusagen reingerutscht bin. Aber: es war eine Chance, und die habe ich nicht verstreichen lassen, sondern genutzt, sie beim Schopfe gepackt. Es war eine Gelegenheit: zu üben, auszuprobieren, zu lernen. Auch wenn es nur ein kleinerer Lokalradio-Sender war und nicht die ARD oder das ZDF. Da kannst du ja auch nicht wirklich hingehen und sagen, hallo, ich möchte gern einen Beitrag fürs Heute-Journal machen, ich kann das, ich hab das Selbstvertrauen ...

Das wird nicht funktionieren – was ja auch gut so ist. Die ersten Schritte über Lokal- bzw. Regionalradios zu gehen, halte ich für sehr sinnvoll. Praktika! Ja, ich weiß, Praktikanten sind billige Arbeitskräfte und kochen den Kaffee. Aber ihr wollt doch rein ins Business, rein ins Geschäft. Also macht es, kocht literweise Kaffee – und kriegt alles mit, saugt alles auf, was in so einer Redaktion passiert. Ich kann nur sagen, dass beim DSF früher der ein oder andere Praktikant als Quereinsteiger eine durchaus respektable Karriere im TV-Sport gemacht hat.

Heute kannst du ja schon im Rahmen von Schülerpraktika zu Radiosendern, Internet-Anbietern, TV-Stationen gehen. Was irgendwie geht, wo irgendeine Möglichkeit ist, nimm sie wahr, mach es! Dass heute dieses *Learning by Doing* wesentlich schwieriger ist als in meinen Anfangsjahren 1993 beim DSF, ist mir auch klar. Die Ansprüche sind vielleicht andere. Die Pionierarbeit im TV-Bereich ist geleistet. Aber ist das wirklich so? Was ist mit dem Internet? Ich wundere mich, dass es so schwierig ist, für ein Unternehmen wie zum Beispiel Spox gute, talentierte Nachwuchskommentatoren zu finden, die sagen: Hier bin ich, ich kann das, und jetzt kriegst du mal einen Probe-Kommentar von mir. Solche Leute tauchen ganz selten auf.

Das wäre zumindest der Weg gewesen, den ich gewählt hätte. Ich wäre da hingegangen und hätte gesagt, spielt mir was vor, ich kommentiere das. Und wenn denen dann die Ohren weggeflogen wären, dann hätten sie an mir nicht vorbeigehen können ...

Und auch das ist eine Beobachtung: Schüler- und Studenten waren beim DSF häufig zu Besuch. Sie wurden regelmäßig ins Studio gesetzt, wo sie was sprechen durften: Begrüß mal hier deine Studentengruppe und erzähl uns ein bisschen was aus deinem Leben, wir nehmen das auf ... 90 Prozent kriegten in dem Moment, wo das rote Lämpchen leuchtete, kein Wort raus.

Es ist eben doch eine besondere Situation, und erst recht, wenn du weißt, da schauen dir ein paar Millionen Menschen zu. Das ist noch mal was anderes. Du solltest also unbedingt herausfinden, ob es deinem Naturell entspricht, dich und eine Sache, die du vermitteln willst, zu präsentieren!

Wer Biss hat, wer Ehrgeiz hat, der kann das schaffen. Aber noch mal: Den Freifahrtschein, den gibt es nicht. Zurzeit bewerben sich viele um einen Praktikumsplatz für Buschi-TV, aber die meisten da draußen an den Bildschirmen dieser Welt scheinen sich das offenbar zu einfach vorzustellen, wie manchmal schon ein Blick auf die Lebensläufe verrät. Fakt ist: Wenn du es machst, dann mach es mit Liebe und Leidenschaft. Dann aber ist Sportjournalist, Sportreporter wirklich der absolute Traumjob!

DIE ZWEITE LIGA AM MONTAG

MIT DER SAISON 1993/94 wurde ein neues Kapitel Fußball- und Fernsehgeschichte aufgeschlagen, als man nämlich entschieden hatte, die Spiele der Zweiten Fußball-Bundesliga live im deutschen TV zu übertragen – am Montagabend!

Von Anfang an war dies eine Geschichte, die bei den eingefleischten Fußball-Anhängern für große Bauchschmerzen sorgte. Denn für sie war das natürlich alles andere als ein idealer Termin. Sie mussten unter der Woche reisen, von Freiburg nach Hamburg, von Köln nach Dresden, dafür zum Teil ein, zwei Tage Urlaub nehmen. Ehrlich gesagt, ging ein Sturm der Entrüstung durch das Fan-Lager der zweiten Fußball-Bundesliga. Von Kommerz war die Rede, von Geldmacherei. Und der Buhmann, der Buh-Sender war natürlich schnell ausgemacht, das war das Deutsche Sportfernsehen DSF, das sich die Übertragungsrechte für diesen Montagabend gesichert hatte. Viele Kritiker meinten zudem, das müsse doch nun wirklich nicht sein, dass jetzt auch noch die Zweite Fußball-Bundesliga live im TV übertragen werde, das würde doch kein Mensch brauchen.

Die Einschaltquoten freilich stimmten, und das von Anfang an. In der Spitze schauten bis zu drei Millionen Zuschauer zu, wenn Hertha BSC Berlin gegen den 1. FC Kaiserslautern, wenn Borussia Mönchengladbach gegen den 1. FC Köln spielten. Für den Fernsehsender war es, was die Einschaltquoten betrifft, eine echte Erfolgsgeschichte.

Mir als Kommentator bzw. Moderator der Sendung stellte sich das etwas anders dar. Für mich, der ich das Gesicht der zweiten Fußballbundesliga am Montagabend war, war es eher desillusionierend. Dabei hatte ich mich tierisch darauf gefreut – endlich auch beim Fußball live dabei, Stadionatmosphäre schnuppern, Hühnerpelle kriegen.

Es fing an bei der Übertragung Fortuna Köln gegen den Karlsruher SC im Kölner Südstadion. Die Auswärtsfans vom KSC, von der Montagabend-Regelung besonders betroffen, waren stinksauer. Und wenn das DSF der Buh-Sender war, so war ich als dessen Aushängeschild die bevorzugte Zielscheibe der Kritik. Nun, im Sport leben die Emotionen. An nichts Böses denkend, laufe ich an diesem Tag relativ nah am Fanblock der Karlsruher vorbei, um zu meiner Moderationsposition auf der anderen Seite des Spielfeldes zu gelangen. Plötzlich spuckt mich ein Fan von der Seite an, trifft mich voll auf der linken Wange. Das fand ich freilich gar nicht witzig! Mein damaliger Aufnahmeleiter konnte mich gerade noch davon abhalten, auf den Mann loszugehen: »Bloß kein Theater, komm weiter, du bist gleich auf Sendung« ... Und so bin ich mit ihm mitmarschiert, natürlich ohne auch noch meine rechte Wange hinzuhalten. Ganz im Gegenteil, im Weggehen streckte ich der Fankurve den linken Mittelfinger entgegen. Na, das hätte ich lieber bleiben lassen sollen, das sorgte nicht gerade für Begeisterung bei der KSC-Anhängerschaft! Dass sie nicht sofort über den Zaun kletterten, um mich zu lynchen, war alles. Pfeifkonzert, Hassgesänge: »Buschmann, du Hurensohn«, und ich weiß nicht, was noch alles. Das hatte ich also von meiner Geste.

Viele meinten hinterher, vor allem natürlich viele aus dem Karlsruher Fan-Lager, er ist doch selbst schuld, der Buschi, warum zeigt er uns den Mittelfinger, der blöde Hund. Von der Geschichte vorher, dass mir ins Gesicht gespuckt worden war, hatte kaum jemand etwas mitbekommen, das hatte man aus der Distanz wohl nicht so deutlich gesehen.

Man wird jedoch Verständnis haben. Wenn du ins Gesicht gespuckt bekommst, dann bleibst du nicht cool. Medienleute sind aber doch Profis, mag man einwenden, die müssen mit so etwas distanziert und locker umgehen. Aber abgesehen davon, dass diese Szene in die Anfangszeit meiner Karriere fiel, hatte ich nie gelernt, souverän auf sowas zu reagieren. Manche Leute behaupten, das schaffe ich bis heute nicht. Ich bin ein Mensch, auch wenn ich am Mikrofon vor einer Kamera stehe.

Ich war also erst mal bedient und dachte, das ist ja ein toller Job, wenn das montags immer so abgeht. Und so war es dann auch. Zu Beginn jeder Übertragung wurde gesungen: »Scheiß-DSF, Scheiß-DSF«. Das wurde so ein Volkssport unter den Anhängern. Nach einem Einsatz in Karlsruhe wurde ich direkt nach Spielende von zwei Polizeibeamten in

Empfang genommen. Während des gesamten Spiels hatte es die fast schon üblichen Hassgesänge gegeben, gerade auch in meine Richtung: »Buschmann, du Arschloch, Buschmann, du Fotze« – darf man das so schreiben? Ich weiß es nicht. Nun, wenn du auf deinem Kommentatorenplatz sitzt, findest du das zwar blöd, aber du lässt es irgendwann auch nicht mehr an dich ran. Als die beiden Beamten jedoch sagten, Herr Buschmann, Sie kommen jetzt besser mal mit uns mit, wir geleiten Sie zum Parkplatz, da bekam ich schon ein sehr mulmiges Gefühl. Ich glaube, der Karlsruher SC hatte daheim verloren. 30, 40 Fans hatten sich versammelt, um mich am Medienausgang in Empfang zu nehmen und mir nochmals ihre Meinung zu sagen. Als ich in die Gesichter dieser Fans blickte, konnte ich richtig Hass erkennen. Da passiert schon Einiges in dir – was hatte ich denen eigentlich getan? Ich dachte immer, ich lebe extrem im und für den Sport! Und es gab weitere Tiefpunkte. Beim FC St. Pauli hielten Fans ein Plakat mit meinem Konterfei im Fadenkreuz einer Zielscheibe hoch. Während der laufenden Vorberichterstattung warfen sie mit Bierbechern in Richtung meiner Moderationsposition, die schlauerweise sehr nah bei ihnen eingerichtet war. Das war auch im TV zu sehen. Das waren so Momente, die machten einfach keinen Spaß, die taten sogar sehr weh.

Für mich persönlich waren diese Montagabende, das kann ich wirklich so sagen, gerade in den ersten, fünf, sechs, sieben Jahren, in denen ich ziemlich angefeindet wurde, äußerst schwierig. Aber ich kann die Reaktion der Fans im Nachhinein sogar verstehen. Denn es ist auch mir natürlich klar, dass es in erster Linie für die Liga, das Fernsehen und die Klubs sehr lukrativ war, am Montagabend zu spielen; dann auch für mich, denn ich begriff die Zweite Liga als Chance, den Fuß in die Tür zum bezahlten Fußball zu bekommen, mich zu etablieren. Für die Fans jedoch bedeutete es nicht zuletzt Aufwand, Zeit, Geld und Abdriften in den Kommerz.

Heute ist mir klar, dass diese unschönen Szenen weniger persönliche Geschichten waren, sondern es war einfach die Wut – Hass ist immer ein hartes Wort – der eingeschworenen Fans gegen diese Montagabend-Übertragungen generell. Und die entlud sich dann gegen den Reporter, der für die Zweite Liga am Montagabend im DSF stand.

Nochmal: Ich habe heute, mit ein bisschen Abstand, durchaus Verständnis dafür, dass den Fans die Montagabende nicht ganz so geschmeckt haben. Seit vielen Jahren läuft die Zweite Bundesliga nun über den Sender. Mittlerweile sind die Übertragungen längst etabliert. Ich bin dafür nicht mehr unterwegs. Aber sie haben mich begleitet, knapp 20 Jahre. Die rund 200 Übertragungen, an denen ich beteiligt war, waren im Kern intensive und prägende Erlebnisse.

NACH AMERIKA

MITTE DER 90ER fing alles an. Im Februar 1995 brachen wir mit unserer Kohorte vom DSF in Richtung USA auf. Wir waren neu in diesem Business, hatten keine Ahnung, was NBA-Berichterstattung vor Ort bedeutete. Todd Kobrin, unser Produzent, kannte sich natürlich in den USA gut aus – er war Amerikaner – und hatte auch einige ganz gute Kontakte zu amerikanischen TV-Sendern. Aber der Rest?

Traten wir wie seriöse Journalisten auf, im Anzug, mit der gebotenen Distanz, immer darauf bedacht, alles richtig zu machen und bloß nichts Falsches zu sagen? Ehrlich gesagt, nein. Im Nachhinein betrachtet, waren wir eher wie eine Horde Touristen unterwegs, die sich einen Lebenstraum erfüllten Basketball live zu übertragen.

Unser Ziel 1995 war das All-Star Weekend, gewissermaßen das Branchentreffen im Basketball, bei dem sich die Besten der Besten präsentieren. Es fand in Phoenix, Arizona statt. Zunächst mal war das schön, weil wir aus der Winterkälte Deutschlands in die Sonne Arizonas kamen. Ja, das fanden wir natürlich auch großartig. Zweitens hatten wir für die Produktion – eine Live-Übertragung plus eine Magazin-Sendung, die die Atmosphäre drum herum einfangen sollte – satte elf Tage vor Ort Zeit. Heute würde man für beides, eine Live-Übertragung und ein Magazin, höchstens vier, fünf Tage veranschlagen.

Drittens flogen wir Business Class. Mitte der 90er-Jahre wurde in der damaligen Kirch-Gruppe, also auch beim DSF, noch nicht so sehr auf die Kosten geachtet. Heutzutage würde es da sicherlich erhebliche Diskussionen geben. Man kann auch drüber diskutieren, ob das nötig war. Aber in der Regel sind Fernsehproduktionen keine Erholungsreisen. Man kommt an und muss direkt loslegen. Daher finde ich, man soll möglichst bequem reisen, um möglichst ausgeruht anzukommen. In vielen Sendern werden jetzt einige Damen und Herren schmunzeln.

Viertens wohnten wir wie im Paradies. Die Unterkunft, die uns die NBA gebucht hatte, war nämlich das Camel Back Inn in Scottsdale in der Nähe von Phoenix, eines der beliebtesten Golf-Hotels überhaupt (natürlich versuchte ich hier auch Golf zu spielen, mit der Betonung auf versuchte). Jeder hatte ein eigenes Pueblo, ein Appartement mit ungefähr 60 Quadratmetern.

Ich erzähle das alles hier nicht, um irgendwie auf die Kacke zu hauen. Wir wussten ja selber nicht, wie uns geschah. Wir trafen die besten Basketballer der Welt, durften die Stadt für eine Magazinsendung erkunden, residierten in einer Luxusherberge mit einem Frühstücks-Buffet, das auf einem Steg in den Pool reingebaut war ... Na bitte!

Der DSF hat dann später auch die NBA-Saison 1995/96 übertragen. Aber wenn man ganz ehrlich ist, US-amerikanischer Basketball führte immer noch eher eine Nischenexistenz, trotz der Olympischen Spielen in Barcelona 1992. Das Dream Team hatte schon etwas ins Rollen gebracht. Spieler wie Michael Jordan, der dreimal in Folge mit den Chicago-Bulls den NBA-Titel geholt hatte, hatten den Sport auch hierzulande langsam populärer gemacht. Aber dann war Jordan aus persönlichen Gründen überraschend zurückgetreten und der sich abzeichnende Boom schien schon wieder beendet. Nun, zur Saison 1995/96 war Jordan zurückgekommen, und wir wollten das übertragen. Natürlich flogen wir nicht zu jedem Spiel extra rüber. Das wäre ein bisschen teuer und ein bisschen aufwändig geworden. Aber: Wir übertrugen die Spiele. Zu nachtschlafender Zeit aus unserer Kellerkammer in Unterföhring. Es war ein Anfang.

Ein Jahr später, 1996, wieder All-Star Weekend, diesmal in San Antonio im Süden von Texas. Auch nicht das schlechteste Ziel. Aufgabe der Magazin-Sendung war wieder, die Besonderheiten der Umgebung darzustellen. Weil ich als Kind Reiten gelernt hatte, kamen wir auf die Idee, dass ich mich mit Cowboyhut, wie sich das in Texas gehört, auf ein Rodeo-Pferd setzen und vom Sattel aus moderieren sollte: Die eine Hand am Hut bzw. Mikro, die andere am Zügel. Der Besitzer der Ranch gab mir ein Pferd, das angeblich lammfromm war: »Der reagiert auf nichts, der bleibt einfach stehen«. Na, Pustekuchen! Der Gaul wurde immer nervöser, ich hatte zunehmend Mühe, mich oben zu halten, musste meine Moderation mehrfach unterbrechen, hohoho, hohoho, hohoho. Das hat das Vieh aber überhaupt nicht beeindruckt. Auch alles, was ich mit den Schenkeln und an den Zügeln fabrizierte, war ihm völlig egal. Unser Kameramann hielt die ganze Zeit drauf. Noch heute ist auf YouTube zu erkennen, wie der Gaul plötzlich durchgeht. Man sieht Pferd und Reiter bald nur noch von hinten, hört kurz, wie ich irgendwelche Brunftschreie ausstoße, dann Ende der Aufnahme. Ich darf an dieser Stelle aufdecken, wie die ganze Geschichte ausging: Das Pferd raste volles Tempo auf einen Parkplatz, auf einen ungefähr 1,50 Meter hohen Zaun zu und hob ab, setzte aus vollem Galopp volle Lotte drüber weg, mitsamt dem Reiter drauf. Nur Fliegen ist schöner. Nach der weniger schönen Landung schaffte ich es irgendwie, mich seitlich vom Pferd fallen zu lassen. Das hört sich jetzt vielleicht ganz lustig an. Aber ich musste wie in einem Dick-und-Doof-Film so schnell es ging neben dem Pferd her trippeln, bis ich schließlich gegen ein Auto knallte. Der blaue Fleck an meiner Hüfte war das Größte, was ich an blauen Flecken je gesehen hatte. Gottseidank war dem Pferd nichts passiert. Das war leicht am Zaun entlang geschrappt und hatte nur eine kleine Schürfwunde. Wir bekamen einen Verweis und durften das Gelände nicht mehr betreten. Wollten wir auch nicht. Ich schon mal gar nicht. Ins Gefängnis kam ich aber auch nicht. Hätte noch gefehlt, dass ich angezeigt worden wäre. Da muss man ja in den USA – in Texas! – immer ein bisschen vorsichtig sein.

Bei nämlichem All-Star Weekend 96 sollte ein Planet-Hollywood-Café eingeweiht werden, mit einigen NBA-Spielern als Special Guests – es waren übrigens nicht immer nur die aktiven Spieler, die fürs All-Star-Spiel nominiert wurden, sondern auch Ehemalige. Wir hatten dafür eine Einladung. Aber vor dem Café stand eine riesige Schlange, ungefähr zweitausend Leute. Wenn wir uns da angestellt hätten, wären wir erst am nächsten Nachmittag reingekommen. Wir waren sauer, immerhin war angeblich Charles Barkley da drin. Aber zum Glück hatten wir ja Todd Kobrin. Der fand einen Weg – (den fand er eigentlich immer). Die Location lag direkt am Fluss und hatte einen Eingang von der Wasserseite aus, wo Touristenboote anlegen konnten. So ein Boot organisierte Todd, sodass wir sozusagen auf dem Seeweg zum Ziel gelangten, gerade noch rechtzeitig, um mit Sam Cassell und Charles Barkley an der Bar ein Kaltgetränk zu uns zu nehmen. Das Leben war schön.

Und sollte es vorerst auch bleiben. Die Finalserie 1996 stand an. Es spielten die Chicago Bulls mit Michael Jordan, Scottie Pippen, Dennis Rodman und Co. gegen die Seattle SuperSonics – u. a. mit Detlef Schrempf, dem deutschen Superstar. Ja, was konnte es denn Besseres geben! Täglich, stündlich und minütlich lag ich meinem Programmdirektor in den Ohren, diese Serie live vor Ort zu übertragen. Wir wollten diese Finals unbedingt machen, wollten das Duell Detlef Schrempf gegen Michael Jordan ins Deutsche Fernsehen bringen. Das war unser Traum.

Uns war doch völlig egal, ob das nach deutscher Zeit mitten in der Nacht war! Das interessierte uns nicht. Ganz schön egoistisch. Aber im Nachhinein zeigte sich, das ganze

Schülerschaften von zwölf- bis achtzehnjährigen sich die Nächte um die Ohren schlugen, um diese Duelle zu sehen.

Aber der Reihe nach. Eigentlich hatten wir die Reise schon abgehakt, der Programmdirektor war aus Kostengründen dagegen: »Ne, das können wir nicht machen, das interessiert nicht genug Leute, also vergesst das mal mit eurer Reise in die USA«. Enttäuscht flog ich ab in den Sommerurlaub, auf die griechische Insel Santorini. Enttäuscht ist kein Ausdruck: Die Halsschlagader war dick wie ein Gartenschlauch, weil ich nicht verstehen konnte, warum man für dieses sporthistorische Ereignis mit erstmals deutscher Beteiligung sowie der Ikone des Basketballs schlechthin nicht genügend Interesse aufbrachte.

Gerade hatte ich mich mit meinem Schicksal arrangiert, saß in einer Strandbar in Perissa auf dem schönen Santorini, als das Telefon klingelte. Es war der Programmdirektor des DSF persönlich. Jetzt wollte er doch! »Du musst nach Seattle, ihr fliegt rüber, wir machen ab Spiel drei die Serie weiter ...« Die NBA Finals liefen nämlich schon, die ersten beiden Spiele in Chicago hatten wir verpasst. Aber Schwamm drüber. Natürlich brach ich meinen Urlaub ab – machte ich doch gerne! –, flog kurz nach Hause, Tasche packen, dann weiter Richtung Seattle.

Die Bulls waren haushoher Favorit und kamen mit einer satten 2:0-Führung nach Seattle. Ich fühlte mich wie ein Kind an Weihnachten, als ich am Spielfeldrand stand, neben all den US-Experten. Das war das Aller-, Allergrößte. Vor den Spielen stießen der Kommentatorenkollege Michael Körner und ich immer mit einem kleinen Budweiser an. Das wurde so unser Ritual. Uns war klar, dass wir das in der Form gemeinsam nicht wieder erleben würden.

Wir waren der festen Überzeugung, wir fliegen nach Seattle, die Bulls fahren zwei weitere Siege ein, dann ist das Thema erledigt. Der Modus ist ja *Best of Seven*. Bei vier gewonnenen Spielen ist man durch. Aber wunderbarerweise kam Seattle doch noch mal zurück. Die SuperSonics, angeführt von Gary Payton und Shawn Kemp, aber auch Detlef Schrempf spielte eine gute Rolle, gewannen zwei von drei Heimspielen. Das hatten wir nicht zu hoffen gewagt. Wir durften also nach Chicago zu Spiel 6! In das alte, sagenumwobene Chicago Stadium der Bulls ...

Wir hatten übrigens damals noch nicht die Möglichkeiten, uns so vorzubereiten, wie das heute der Fall ist, wo man alle Infos via Internet sofort abrufen kann. Man musste Gespräche führen, Leute aus dem Umfeld der Teams interviewen, zu den Trainings-Sessions gehen, musste versuchen, Informationsquellen aufzutun und irgendetwas mitzubekommen. Aber die Amerikaner bauten goldene Brücken. Man konnte durchaus mit den Jungs reden, vor und nach dem Spiel. Das war für deutsche Medien, für deutsche Zuschauer ein Weltwunder, nämlich nach den Spielen einen Blick in die Kabine der Spieler werfen zu dürfen, ein Interview mit Detlef Schrempf zu erleben, bei dem ihn nur ein Handtuch um die Lenden und über dem Tattoo auf seiner Schulter (weil er das nicht zeigen wollte) bedeckte. Die Bulls machten übrigens den Sack in Spiel 6 daheim zu. Nicht zuletzt dank Michael

Jordan, der in der Saison und natürlich in den Finals ein überragendes Comeback feierte.

Wir spürten, da braute sich was zusammen. In Fachkreisen kam ein kleiner Hype auf. Wir hatten bis zu 300 000 Zuschauer, die sich nachts von drei bis sechs NBA Finals, Schrempf gegen Jordan, anschauten. Eine traumhafte Quote! Der Programmdirektor des DSF konnte hinterher nicht sagen, es war eine Fehlentscheidung, die Jungs da rüber zu schicken.

Aus heutiger Sicht würde ich als Reporter vieles anders machen, zum Beispiel eine andere Frisur tragen. Aber nein, alles Quatsch, wahrscheinlich würde ich alles wieder genauso machen.

Als ich während der Finalserie in Seattle einmal für einen Beitrag morgens am Fischmarkt stand und mir links und rechts die Fische am Kopf vorbeiflogen, hatte ich mir keine großen Gedanken gemacht, ob das interessant sein könnte oder nicht. Das war Pionier-Arbeit im Fernsehen. Wir probierten einfach Dinge aus. Fliegende Fische um den Kopf des Moderators herumschwirrend, der die Sportart, die er liebte, nach Deutschland transportierte – ich glaube, man sah uns unsere Begeisterung an und schaute uns einfach gerne beim begeistert-sein zu.

Mittlerweile ist man nicht mehr allein, wenn man sich als Basketballfan outet. Sportler aus anderen Sparten sind plötzlich bekennende Basketballfans, Freddy Bobic und Matthias Hagner vom VfB Stuttgart, Bastian Schweinsteiger und Thomas Müller vom FC Bayern. 2000, als die Los Angeles Lakers gegen Indiana NBA-Champion wurden, hatten wir Hasan Salihamidzic als Co-Kommentator dabei. Er dachte, er sei in Hollywood. War ja auch nicht so weit entfernt. Erstaunlich, dass jemand, der das Championsleague-Finale gespielt hat, von dem, was er da erlebte, so geplättet war. Nach dem Spiel kam es vor dem Staples Center in Los Angeles zu Randale zwischen Polizeibeamten und Fans; der eine oder andere TV-Übertragungswagen wurde umgekippt. Wir harrten noch Stunden nach Spielende in der Halle aus, bevor wir unseren Mut zusammen- und Salihamidzic in unsere Mitte nahmen und uns stieren Blicks durch die Menge in Richtung Hotel Downtown Los Angeles wagten. Willkommen in Hollywood ... Es ist aber alles gut gegangen. Brazzo Salihamidzic und ich schmunzeln heute noch, wenn wir über diese Geschichte sprechen, aber damals hatten wir die Hosen ganz schön voll.

MICHAEL JORDAN

MEINE ERSTE WIRKLICHE Begegnung mit dem für mich besten Basketballer aller Zeiten, auf jeden Fall der charismatischsten Persönlichkeit des Basketballs, hatte ich 1996 beim NBA All-Star Weekend in San Antonio, Texas, von dem weiter oben bereits die Rede war.

Spiele mit Michael Jordan hatte ich beim DSF schon vorher übertragen. Aber das war eben nur vor dem Bildschirm. Und 1992, als ich Jordan in Barcelona live in der Halle spielen sah, als Fan, Zuschauer und Pseudo-Journalist, spürte ich es noch nicht. Aber 1996 in San Antonio.

In erster Linie sind die All-Star-Weekends, bei denen die jeweils zwölf besten NBA-Profis aus dem Osten und Westen gegeneinander antreten, ein riesengroßer Medien-Zirkus, bei dem vor allem die ausländischen Journalisten die Chance erhalten sollen, ein bisschen dichter ranzukommen an die Stars, die ansonsten ziemlich abgeschottet sind. Es gibt spezielle Media-Days, bei denen die Spieler an Tischchen in riesigen Hotelsälen sitzen, wo sie sich den Fragen der Journalisten stellen.

Aber es ist auch ein großes Familientreffen, so empfand ich das. Wir waren ja alle große Basketballfans, Andres Montes, der Kollege aus Spanien, ein kleiner Mann mit Glatze, der für La Sexta arbeitete, oder George Eddi von Canal Plus in Frankreich, und natürlich Todd Kobrin, Michael Körner, später Manni Winter und ich – wir waren in erster Linie Basketball- und Michael-Jordan-Fans.

An diesem Medien-Tag konnte man Jordan aber nicht nahekommen. Natürlich war an seinem Tisch das dichteste Gedränge. Unmöglich, ein Mikrofon da reinzuhalten. Es ging zu wie im Irrenhaus – es war eine Rekord-Saison für die Chicago Bulls, die sie später mit dem NBA-Titel gegen die Seattle SuperSonics abschlossen.

Dann fand das öffentliche Medien-Training der Eastern-All-Stars, der Ost-Profis statt. Mich ließ der ganze Zinnober zunächst relativ kalt. Als Basketballer dachte ich, naja, was wird das schon geben, ein bisschen Wurftraining, ein bisschen Gedaddel, ein bisschen Show. Das ist nicht das, was mich wirklich interessiert.

Aber plötzlich, von einer Sekunde auf die andere, herrschte eine ganz komische Atmosphäre in der Halle, etwas war auf einen Schlag anders. Ich konnte mir das nicht erklären. Es war eine Situation wie in einem Stephen-King-Film, geradezu unheimlich. Und dann sah ich, wie sämtliche Kameramänner und Journalisten in eine Richtung stürmten. Da war er: knapp zwei Meter groß, alle anderen in den Schatten stellend. Michael Jordan betrat die Halle. Das, was eben nicht da gewesen war, war jetzt da. Und zwar bevor ich das Getrampel und Getöse gehört hatte. Später, als ich die Gelegenheit hatte, ihn persönlich zu erleben, bestätigte sich: Dieser Mann hatte eine unglaubliche Ausstrahlung, eine Aura.

Als es mir irgendwann gelang, eine Frage zu stellen, registrierte er, dass ich nicht aus den USA kam, wahrscheinlich wegen meines deutschen Slangs. Er merkte, dass ich mich im Basketball auskannte, dass ich verstand, was es bedeutete, nach zwei Jahren Abstinenz – er hatte seine Karriere für einige Zeit unterbrochen gehabt – wiederzukommen, um dann sogleich eine überragende Saison zu spielen. Auch behielt er offenbar mein Gesicht im Gedächtnis, wie sich zeigte, als ich ihm ein bzw. zwei Jahre später bei den beiden Serien gegen die Utah Jazz wiederbegegnete.

Bei den Finals 1996 gegen Seattle blieb Jordan für uns eigentlich unerreichbar. Zum einen war er vollständig in Beschlag genommen von den amerikanischen Kollegen, zum anderen kümmerten wir uns in erster Linie um Detlef Schrempf von den SuperSonics, den ersten Deutschen, der in einer NBA-Finalserie stand. Anlässlich des Spiels Nummer 6 dieser Serie ging es für mich das erste Mal nach Chicago, in das berühmte Chicago Stadium, wo die Bulls Anfang der 90er-Jahre drei Meisterschaften gefeiert hatten. Wir durchschritten das berühmte Gate Three and a Half, um das sich Legenden ranken. Wir erlebten den triumphalen Einmarsch von Michael Jordan (mit der Musik von Alan Parsons Project): »From North Carolina, Number 23 – Michael Air Jordan« – das ging unter die Haut, das werde ich nie, nie, nie vergessen.

In den Jahren 97 und 98 begleiteten wir die NBA Finals der Chicago Bulls gegen die Utah Jazz. Zwei Begegnungen blieben in unauslöschlicher Erinnerung. Zum einen 1997 das Spiel Nummer fünf, das berühmte Lebensmittel-Vergiftungs-Spiel. Am Tag vor der Partie war Michael Jordan, wie man munkelte (aber es ist nie bewiesen worden), von einer Pizza vergiftet worden. Völlig dehydriert, konnte er erst zwei Stunden vor der Partie im Delta Center in Salt Lake City aufstehen, und es schien, dass er kaum in der Lage sein würde, aufzulaufen. Jedoch, er machte sogar das alles überragende Spiel und sorgte dafür, dass die Bulls gewannen. Seine Leistung war sensationell. Wir konnten es kaum glauben, wieder zwei Punkte, wieder zwei Punkte, gleich sackt er in sich zusammen. Aber er hielt durch. Ja, Michael Jordan hatte dieses Spiel quasi im Alleingang gewonnen und Chicago damit zurückgeholt in die Serie. Diese Partie zementierte seinen Heldenstatus endgültig. Wieder Jordan, und wieder Jordan. Und er hörte einfach nicht auf. Mit der Schluss-Sirene sank er in die Arme seines Mitspielers und nach ihm sicherlich besten Akteurs der Chicago Bulls, Scottie Pippen, und musste aus der Halle geführt werden.

1998 war es das Spiel Nummer sechs, wieder in Salt Lake City im Delta Center. Chicago führte in der Final-Serie mit 3:2, aber Utah lag in dieser Partie knapp vorn. Bei einem Utah-Sieg wäre es zu einem siebten Entscheidungsspiel gekommen. Kurz vor Schluss aber klaut Michael Jordan dem Jazz-Star Karl Mailman Malone den Ball, setzt sich im Gegenzug gegen Byron Russell, einen der besten Verteidiger auf dieser Position, durch und schießt den Ball fünf Sekunden vor dem Ende in den Korb. Die Chicago Bulls waren wieder Meister, Jordans sechster Titel.

Das waren die sportlichen Highlights. Ich werde jedoch auch nie vergessen, wie ich ihn während der Serie 1998 bei einem Medientreffen wiedersah. Er kam sofort auf mich zu und sagte: »Hey, you crazy guy from Germany«. Er hatte sich tatsächlich mein Gesicht gemerkt. Das fand ich unglaublich beeindruckend. Einmal hatte ich sogar das große Vergnügen, einen privaten Nachmittag bei ihm zu verbringen. Bei einer Runde Billard musste ich feststellen: Verlieren konnte der Mann überhaupt nicht. Und nicht nur deshalb war er sicherlich – naja, was heißt sicherlich? Er war es! – der beste Basketballer aller Zeiten.

Was er mir, glaube ich, hoch angerechnet hat, ist, dass ich ihn nie nach Privatem fragte, wie es in seiner Ehe läuft, ob er gerne zockt, warum er Tausende von Dollars an einem Loch beim Golfspielen verspielt. Das waren Dinge, die damals durch die Medien gingen. Aber mich interessierte ausschließlich der Basketballer Michael Jordan.

Dass ich ihn live übertragen durfte, ihn und seine Supermannschaft, die Chicago Bulls, das kann mir niemand mehr nehmen. Ich habe ihn fliegen sehen ... His Airness Michael Air Jordan.

HOOP HEROES

1997 GERIET ICH AN einen in mehrerer Hinsicht äußerst interessanten Job. Auftraggeber war der US-amerikanische Sportartikel-Hersteller Nike. Das war wieder so eine Geschichte, wo du denkst: wie geil ist das denn ...

Nike plante eine NBA-Promo-Tour in eigener Sache durch Europa. Ich sollte der Moderator sein. Die Tour bestand, und das war für mich natürlich der Clou an der ganzen Sache, aus Showtraining und Spielen amerikanischer NBA-Profis gegen eine deutsche Nachwuchs-Nationalmannschaft. Nike Hoop Heroes nannte sich das Ganze. Als Austragungsorte in Deutschland hatte man die Deutschlandhalle in Berlin und die Westfalenhalle in Dortmund auserkoren. Beide Veranstaltungen waren ratzfatz ausverkauft. Kein Wunder, bei den Namen! Charles Barkley, mein alter Freund, Jason Kidd, der viele Jahre später an der Seite von Dirk Nowitzki NBA-Champion werden sollte, Scottie Pippen, das Idol von den Chicago Bulls, zigfacher NBA-Champion, Gary Payton von den Seattle SuperSonics, ein sensationeller Aufbauspieler mit einer unglaublichen Verteidigung (seinen Spitznamen

»The Glove« hatte er sich redlich verdient: wie ein Handschuh, so eng war er dran an seinen Gegenspielern) oder Shareef Abdur Rahim, der Upcoming Star in der NBA, damals noch ein Frischling.

Man ahnt es schon: Bei dieser Show-Tour hoffte ich, einige meiner Helden näher kennenzulernen, während des Trainings und in den Freizeiten. Wann hatte man diese Gelegenheit schon mal? Das war etwas ganz Besonderes, aus nächster Nähe zu erleben, wie diese jungen Leute aus einer anderen Welt so ticken, was ihnen im Kopf rumspukt.

Nun ja, vor allem verhielten sie sich wie eine Horde ganz normaler Mitzwanziger: Sie alberten herum, trieben miteinander Schabernack, benahmen sich wie kleine Kinder.

Ganz wichtig war zum Beispiel das Thema Autofahren. Vor dem Hotel in Dortmund standen immer mehrere Fahrzeuge zur Verfügung, auf dass die Herren jederzeit eine Spritztour über die Autobahn machen konnten. Ganz so haarsträubend wie bei Dennis Rodman, auf den wir später noch zurückkommen werden, war es Gott sei Dank aber nicht. Scottie Pippen seinerseits war auf den Hund gekommen. Er hatte gehört, dass man in Deutschland erstklassige Hunde kaufen könne. Ein Angestellter von Nike wurde entsandt, auf die Schnelle zwei Golden Retriever zu besorgen. Also: die Kerle hatten alles Mögliche im Kopf, wenn es nur Spaß machte. Um die Veranstaltung sorgten sie sich nicht im Geringsten. Brauchten sie auch nicht. Das beherrschten sie alles wie im Traum. Damit gab es nie Probleme.

Für den Flug von Dortmund nach Berlin wurde extra eine Maschine gechartert. Außer den Basketballern flogen nur wenige Gäste mit. Ich hockte einigermaßen verschüchtert – ja, das gibt es auch! – bei meinen Idolen, die während des Fluges Poker spielten. Man forderte mich auf, mitzuspielen. Ich sagte, ich wolle lieber erst mal ein bisschen zugucken. Poker war damals noch nicht so ein großes Ding wie heute, ich kannte gerade mal die Regeln. Ich schaute mir also an, wie die spielten, und vor allem, was für Dollarscheine da so auf den Tischchen im Flieger lagen. Ich hätte auf keinen Fall genug Geld gehabt, um mithalten zu können! Also sagte ich, Freunde, ihr spielt mir viel zu gut. Das wollten sie nicht gelten lassen, sondern versuchten erst recht, mich zu überreden. Ich glaube, es war eine gute Idee, standhaft geblieben zu sein. Der Flug dauerte 55 Minuten, und Gary Payton schaffte es, in dieser Zeit sehr viel Geld zu verzocken.

Das waren die Sphären, in denen sich ihr Leben bewegte. Das brauchte ich dann doch nicht. Aber natürlich war es interessant, Einblicke in solch fremde Welten zu bekommen. In Berlin besuchten wir gemeinsam ein Restaurant. Fast hätte ich gesagt: Pizzeria, aber es war wohl eher ein ziemlich teurer Italiener. Charles Barkley war ein bisschen genervt von den allgegenwärtigen Autogrammjägern. Er wollte an dem Abend einfach ein bisschen Zeit für sich und seine Buddies haben und gut essen. Dachte ich jedenfalls, dass es ums gute Essen ging. Wir also rein in den Laden und Barkley hin zum Besitzer, was es kosten würde, wenn man das Restaurant komplett mieten würde. Der Besitzer war, glaube ich, etwas irritiert, aber man konnte sich wohl finanziell einigen, und so wurden die Türen hinter uns geschlossen und wir blieben schön unter uns.

Das klingt jetzt fürchterlich versnobt, na klar. Aber wer diesen Hype um die Jungs während der paar Tage in Deutschland erlebte, der konnte das in Teilen vielleicht sogar nachvollziehen. Geld spielte ja keine Rolle ...

Weit desillusionierender und erschütternder war für mich, dass sich einige der Jungs Chicken-Nuggets kommen ließen. Das wirkte auf mich in diesem italienischen Restaurant mit wirklich hervorragender Küche mehr als befremdlich. Aber das sind dann so die Eigenarten, da kommen wieder alle Vorurteile Amerikanern gegenüber durch.

Ihre Basketball-Show war allerdings perfekt. Sie führten Trainingseinheiten vor, was völlig neu war und riesig ankam, ließen Kinder ihre Schuhe Größe 52, 53, anprobieren – ein rührendes Bild, und dann natürlich die Spiele gegen die deutsche Nachwuchs-Nationalmannschaft selbst! In einem der Matches kam es zu einer denkwürdigen Szene, als Dirk Nowitzki über Charles Barkley dunkte, also das Ding von oben durch die Reuse stopfte, und zwar über Barkley hinweg. Ein fettes Ausrufezeichen von Nowitzki, das zugleich einer Majestätsbeleidigung gleichkam! Was Barkley aber noch weniger schmeckte, war, dass sein Mitspieler Shareef Abdul Rahim ihn damit in den nächsten Tagen pausenlos aufzog. Nowitziki zeigte den Scouts der NBA, was er wirklich draufhatte, Barkley war in der Pressekonferenz ein bisschen angefressen, was die Wirkung Nowitzkis noch verstärkte. Und dann kam auch noch Shareef Abdur Rahim rein, setzte sich auf die Presseplätze und fragte Charles Barkley, wie es sich angefühlt habe, als dieser große Blonde über ihn drüber weggestopft habe. Da war Barkley richtig sauer. Diese Frage hat er, glaube ich, dem Abdur Rahim nie so richtig verziehen. Aber Barkley sagte auch diesen Satz: »Wenn der Blonde mal Hilfe braucht, wenn er aufs College gehen möchte, dann soll er sich bei mir melden.«

Am College hat Dirk Nowitzki dann nie gespielt, sondern er ging direkt in die NBA. Die Karriere von Shareef Abdur Rahim verlief entgegen aller Vorschusslorbeeren eher mittelprächtig. Ob seine Frage auf der Pressekonferenz damit zu tun haben könnte ... nein!

Schließlich saßen wir ein letztes Mal zusammen, am nächsten Tag flogen die Jungs zurück in die USA. Barkley hatte zur Feier des Tages Bauchtänzerinnen, um nicht zu sagen: Nackttänzerinnen, engagiert. Sie umtanzten uns ziemlich unverhüllt. Das war für Shareef Abdur Rahim, den gläubigen Moslem, ganz schrecklich. Barkley hatte einen Heidenspaß. Ich bin ziemlich sicher, dass er sich auf diese Art revanchierte.

DIRK NOWITZKI

1997, IM RAHMEN jener Show-Veranstaltung in Dortmund, bei der besagte NBA-Stars wie Reggie Miller, Gary Payton, Charles Barkley und Scottie Pippen gegen eine deutsche Nachwuchsnationalmannschaft spielten, sah ich ihn tatsächlich das erste Mal. Dirk Nowitzki hatte erst spät, mit 16 Jahren, angefangen richtig Basketball zu spielen. Aber bereits zwei Jahre später galt er als Supertalent. Sein Potential war von Anfang an Legende.

Nachdem ich ihn beim Training beobachtet hatte, war mir klar, warum. Dieser Kerl mit seinen 2,13 Metern Körpergröße hatte ungeahnte Wurfmöglichkeiten. Der würde seinen Weg gehen, das war glasklar! Und so kündigte ich Nowitzki vor dem Showspiel gleich mal als künftigen NBA-Star an. Die Journalisten-Kollegen meinten, ich hätte nicht mehr alle Tassen im Schrank, einen solchen Erwartungsdruck aufzubauen. Ein deutscher Nachwuchsbasketballer als NBA-Superstar! Der einzige Deutsche, der sich bis dahin als Basketballer in den USA hatte durchsetzen können, war Detlef Schrempf, der 1996 mit den Seattle SuperSonics in den NBA Finals gestanden hatte. Dirk konnte aber noch mal ein anderes Level erreichen, davon war ich fest überzeugt (wobei Schrempfs NBA-Karriere bereits ziemlich sensationell war, Allstar, in den Finals mit Seattle, bester sechster Mann der Liga – das ging im Hype um Dirk dann ein bisschen unter). Noch heute kann man sich meine, wie viele damals sagten, übertriebene Ankündigung via YouTube anhören.

Bei der Veranstaltung setzte Nowitzki gleich ein dickes Ausrufezeichen, als er, wie schon erzählt, über Charles Barkley drüberwegstopfte. Barkley war alles andere als *amused*, die Zuschauer natürlich schon. Schnell wurden immer mehr NBA-Scouts auf Dirk aufmerksam, der bald allgemein als *German Wunderkind* galt. Es dauerte nicht lange, bis er 1998 schließlich als neuer Spieler in der NBA *gedraftet* wurde und über Umwege bei den Dallas Mavericks landete. Dort startete er seine ganz besondere Karriere in der besten Basketball-Liga der Welt.

1999 saß ich in einem Hotelzimmer in New York. Wir übertrugen die NBA-Endspielserie der New York Knicks gegen die San Antonio Spurs (die die Jungs aus Texas gewannen). Nowitzki stand bereits in Dallas unter Vertrag, aber es hatte sich wohl rumgesprochen, dass er immer noch ohne richtigen Agenten war. Ständig klingelte mein Telefon. Ich wurde von allen Seiten bedrängt, sollte Kontakte nach Würzburg zur Familie Nowitzki herstellen. Alle wollten Dirk und seine Interessen in der NBA vertreten (und natürlich auch ihre eigenen).

Aber was hatte ich damit zu tun? Ich lehnte das kategorisch ab, irgendwelche Verbindungen zu Nowitzki, seinen Eltern oder seinem Mentor Holger Geschwindner auszunutzen. Da konnte auch Dwight Manley anrufen, der Agent von Denis Rodman. Das war nicht meine Aufgabe als Journalist.

In den nächsten Jahren verfolgte ich die Entwicklung von Dirk in der NBA mit Spannung. Immer wieder war ich bis 2001 auch als Berichterstatter vor Ort in den Staaten. Da später die Rechte zu anderen Sendern wanderten, konnte ich kaum NBA-Spiele von Dirk kommentieren. Unsere Wege kreuzten sich vor allem dann, wenn er für die deutsche Basketball-Nationalmannschaft spielte. So bei der Europameisterschaft 2001 in der Türkei, bei der Dirk seinen internationalen Durchbruch hatte. Er war der alles überragende Spieler des Turniers (auch wenn es am Ende nicht zu einer Medaille reichte) und eroberte die Herzen aller Basketballfans, auch derjenigen der gegnerischen Mannschaften. (Ich schildere dieses Turnier in einem eigenen Kapitel.)

Basketball wurde spätestens jetzt auch in Deutschland als Sport registriert und ernst genommen. Das hatte zur Folge, dass um die Übertragungsrechte gepokert wurde. Die Weltmeisterschaft in Indianapolis 2002 und auch die Europameisterschaft 2003 in Schweden gingen an die öffentlich-rechtlichen Sendeanstalten. Es tut mir heute noch weh, dass ich die Auftritte der Nationalmannschaft vor allem in Indianapolis daher nur am Fernsehschirm, und dann auch nur halb, verfolgen konnte. Die ARD übertrug ja nicht alles live. Es treibt mich heute noch in den Wahnsinn, dass die Kollegen erst mit Verspätung ins Halbfinale gegen Argentinien zuschalteten, weil ja zuvor noch die Interviews anlässlich eines Fußballländerspiels gezeigt werden mussten (es handelte sich, ich erinnere mich noch genau, weil ich so wütend war, um ein Freundschaftsspiel). Deutschland, einig Fußballland! Nun, die Einschaltquoten werden diese Entscheidung des Senders am Ende gerechtfertigt haben. Aber als Fan, der neben einem Fußball- auch noch ein Basketballherz hat, litt ich Qualen: Die deutsche Basketballnationalmannschaft zum ersten und bisher auch einzigen Male in einem WM-Halbfinale, und das wird nicht übertragen (zumindest nicht von Anfang an), weil ja noch Interviews mit den Sportfreunden vom Fußball anstanden!

Am Ende holten unsere Basketballer mit einem fantastischen Dirk Nowitziki Bronze.

Ich kam live erst wieder 2005, bei der Europameisterschaft in Serbien und Montenegro, zum Zuge, als die Rechte erneut zum Deutschen Sportfernsehen gewandert waren. Wir hatten zum richtigen Zeitpunkt zugepickt und uns die Übertragungsrechte für dieses Turnier gesichert. Die deutsche Mannschaft erreichte nach einem unglaublichen Turnierverlauf mit einem erneut sensationellen Nowitzki sogar das Endspiel.

Dabei hatte der Vorwurf der Steuerhinterziehung gegen seinen Mentor Holger Geschwindner im Vorfeld des Turniers einen Schatten auf Nowitzkis Vorbereitung geworfen. Es war für alle eine ganz schwierige Situation. Nach langem Hickhack hatte ich im Trainingslager der Nationalmannschaft auf Mallorca ein Exklusiv-Interview mit Dirk bekommen, zu dem sich mittlerweile ein Vertrauensverhältnis entwickelt hatte. Ich hatte versprochen, ihn in keiner Form aufs Glatteis zu führen. Es sollte ein Interview ohne doppelten Boden werden. Aber infolge eines Kommunikationsproblems mit den Kollegen in München, die das Interview im Anschluss bearbeiteten, wurde eine vermeintlich verfängliche Aussage von Dirk, die eigentlich hätte rausgeschnitten werden sollen, am Ende doch ausgestrahlt. Das war natürlich blöd! Aber die Reaktionen aus Dirks Umfeld machten mich wirklich sprachlos. Einige Herrschaften, die sich mit Nowitzkis wachsender Popularität sowieso immer eigenartiger benahmen, beschimpften mich aufs Übelste. Man hätte doch wissen müssen, dass ich immer fair mit den Basketballern und ganz besonders mit Dirk Nowitzki umgegangen war. In dieser Situation dachte ich, vielleicht bist du einfach zu dicht dran an der ganzen Geschichte, vielleicht müsstest du wirklich anders damit umgehen. Aber ich konnte es nicht und wollte es auch nicht. Dazu liebte ich meine Arbeit viel zu sehr.

War die Vorbereitung für Dirk alles andere als einfach, so trugen all die Wichtigtuer und Funktionäre um Nowitzki ihrerseits nicht gerade zu einer Entschärfung der Situation bei. Das sollte auch in den nächsten Jahre nicht anders werden. Als es später diese Geschichte mit Crystal Taylor gab, Dirks ehemaliger Freundin, einer Betrügerin, die ihn fürchterlich geleimt hatte, da musste ich in einer Pressekonferenz einen Spagat hinbekommen: Es galt nicht den Eindruck zu vermitteln, dass er sich einerseits vor Aussagen zu diesem

Fall drückt. Auf der anderen Seite wollten Nowitzki selber, Holger Geschwindner und sein Anwalt (der extra aus Dallas angereist war) nicht, dass sein Privatleben in irgendeiner Form in der Öffentlichkeit plattgetreten wird.

Zusammen gelang uns das ganz gut. Dirks Verhalten auf dieser Pressekonferenz in Frankfurt war jedenfalls bemerkenswert. Er ging total offen mit dieser Affäre um. Ihm war passiert, was Millionen anderen Menschen auch passiert, er war getäuscht, veräppelt, verarscht worden. Mit dem Unterschied, dies auch noch in der Öffentlichkeit rechtfertigen zu müssen. Wir hatten uns mit seinem Anwalt darauf geeinigt, dass es nach unserem Gespräch oben auf dem Podium keine Fragen von Pressevertretern geben dürfe. Normalerweise ein No-Go. Da verstehe ich auch die Journaille. Aber Dirk nahm sowieso allen den Wind aus den Segeln, indem er einfach sehr offen alle meine Fragen beantwortete. Das war überraschend und ein wieder mal extrem menschlicher Auftritt, muss ich sagen. Zumal der Vorfall fast zum Bruch mit Holger Geschwindner, seinem Mentor, geführt hatte, der frühzeitig seine unguten Gefühle beim Thema Crystal Taylor geäußert hatte.

Bei aller medialen Aufmerksamkeit: Dirk blieb immer auf dem Teppich. Natürlich, das ist auch sein Image. Aber ein solches wurde es, weil es seinem Naturell entspricht, weil er von Helga und Jörg, seinen Eltern, einfach so erzogen wurde. Dass er nicht immer Lust hatte, jedes Autogramm zu schreiben, mit jedem Journalisten zu reden, jede Hand zu schütteln, die sich ihm entgegenstreckte, ist ja klar, ist ebenfalls allzu menschlich, aber er hat das nie gezeigt. Er war immer derjenige, der am längsten Autogramme schrieb, der nahezu immer zur Verfügung stand, wenn TV-Sender um Interviews baten. Nur ganz selten erlebte man, dass er nicht zu einem Interview erschien. Dabei war es ihm gar nicht so recht, dass er immer im Mittelpunkt stand. Bei Pressekonferenzen der deutschen Nationalmannschaft, wenn drei, vier Spieler auf dem Podium saßen und Fragen nur an Nowitzki gerichtet wurden, keine einzige an die anderen Spieler, die sich daran längst gewöhnt hatten, konnte man erleben, dass er sagte: »Bitte die nächste Frage an Pascal Roller, Steffen Hamann, Nino Garris, Patrick Femerling, Ademola, Okulaja« – wen auch immer. Ihm war der Hype um seine Person nie so ganz geheuer, er hat das nie wirklich gemocht.

Bei der Europameisterschaft 2007 in Spanien schied die deutsche Mannschaft im Viertelfinale gegen Gastgeber Spanien aus. Es war wieder ein gutes, wenn auch kein ganz überragendes Turnier von Dirk Nowitzki. Das Ärgerliche damals war, dass diese Platzierung bei der Europameisterschaft für die Teilnahme an den Olympischen Spielen 2008 in Peking nicht reichte. Dabei war das Dirks großer Traum. Aber ein Hintertürchen blieb offen. Ein Jahr später fand ein Qualifikationsturnier in Athen statt, und die deutsche Mannschaft nutzte mit guten Leistungen diese Chance und qualifizierte sich nachträglich für Peking. Dirk Nowitzki rannte nach der Qualifikation aus der Halle, Handtuch über dem Kopf, fast ein bisschen wie Christian Welp 1993 nach dem Gewinn der Europameisterschaft in München. Wir als übertragender

Sender waren live vor Ort. Nicht nur Nowitzki, sondern auch der Reporter hatte Tränen in den Augen. Ich rannte ebenfalls runter von meinem Kommentatorenplatz und signalisierte dem Pressesprecher des deutschen Basketballbundes, dass wir den Nowitzki jetzt dringend für ein Interview bräuchten. Kurze Zeit später kam Christoph Büker aus der Kabine zurück: Keine Chance, Dirk könne nicht sprechen, er sei zu aufgewühlt, das gehe nicht. Ich stand da wie ein Häufchen Elend. Hatte natürlich Verständnis für Dirks Emotionen, wollte ihn aber so gern vor der Mühle haben. Also zog ich den Joker und sprach Dirks Vater Jörg an. Der ist tatsächlich noch mal in die Kabine, aber sein Sohn, ich weiß das über Dritte, soll ihn nur angeschrien haben, er möge ihn in Ruhe lassen.

Also kein Interview mit Dirk. Der Journalist in mir sagte, verdammt, so ein Mist, das ist doch unprofessionell. Der Mensch in mir sagte, kann ich verstehen, dass er sich nicht heulend vor die Kamera stellt. Dabei hatte Dirk bis dahin schon so viel erlebt: Zwei Jahre zuvor eine NBA-Finalserie gegen Miami verloren, Bronze bei einer WM geholt, Silber bei einer EM. Aber Olympia schien für ihn noch mal was anderes zu sein.

In Peking, wo ich im Deutschen Haus moderierte, lief er jedenfalls mit einem Dauergrinsen durch die Gegend. Das sportliche Abschneiden der deutschen Basketballer mag für ihn gar nicht mehr eine so entscheidende Rolle gespielt haben. Die Mannschaft hatte es geschafft, sie war dabei, und Dirk genoss es in vollen Zügen. Da war das Ausscheiden in der Vorrunde bei nur einem gewonnenen Spiel (gegen Angola) nur mehr eine Randnotiz.

Nach Peking nahm er sich eine Auszeit. Weder bei der Europameisterschaft 2009 in Polen noch bei der Weltmeisterschaft 2010 in der Türkei war er dabei. Dann kam das Jahr 2011, das sicherlich der Karrierehöhepunkt in der Laufbahn des Dirk Nowitzki war. Wieder verfolgte ich das nur zu Hause am Bildschirm – ein unglaublich bitterer Moment für mich. Denn wenn man einen solchen Sportler und diese Sportart über so viele Jahre als Reporter begleitet und ausgerechnet dann nicht dabei sein kann, wenn er den Titel holt ...

Denn das schaffte er jetzt. Mit den Dallas Mavericks gewann er das NBA-Finale, gegen die Miami Heat, gegen LeBron James, Dwyane Wade, Chris Bosh. Und ich saß zu Hause in meinem Sessel. SAT 1 hatte sich zwar intensiv um die Übertragungsrechte bemüht, mich auch schon kontaktiert – ich hielt mir den Juni frei –, aber als das Telefon klingelte und ich schon denken wollte: »Wie geil ist das denn?!« – war es eine Absage. Das Ganze kam aus Kostengründen nicht zustande. Die Spiele wurden in Deutschland stattdessen im Pay-TV übertragen. Das aber war damals noch nicht sehr verbreitet und wurde von der breiten Öffentlichkeit so gut wie gar nicht zur Kenntnis genommen.

Ich saß also zu Hause auf der Couch, Fingernägel kauend, auf- und abspringend, aber nicht als Fan am Mikrofon (dieser Vorwurf kommt ja immer wieder, wenn es um Basketball und Nowitzki geht), sondern als Fan daheim am Bildschirm.

Am Ende hatte ich trotzdem wieder Tränen in den Augen. Aber überhaupt keine Frage, ich hätte lieber als TV-Reporter vor Ort geweint, so wie in den 90er-Jahren, als ich den Siegeszug der Chicago Bulls erleben durfte. Das war mir leider nicht vergönnt. Das ist so eine Geschichte in meiner Laufbahn als Basketball-Reporter, die mir nachhängt.

Die EM 2011 hätte er dann nicht spielen sollen. Er opferte sich für die Mannschaft auf, obwohl er nach dem Titel mit den Dallas Mavericks physisch und psychisch durch war. Es wäre schlecht für die Einschaltquoten gewesen und schlecht auch für den deutschen Basketball in der Außenwirkung. Aber er hätte bei dieser Europameisterschaft 2011 in Litauen nicht spielen sollen. Er konnte seine volle Leistung nicht abrufen und ist von den Gegenspielern verdroschen worden. Die Mannschaft schied frühzeitig aus. Das hätte er sich ersparen sollen. Aber hinterher ist man immer schlauer.

Ich bin mal gespannt, ob wir Dirk Nowitzki noch einmal erleben werden in der Nationalmannschaft. Allzu viel Zeit wird ihm nicht mehr bleiben. Ich kann mir vorstellen, dass er das Trikot mit dem Adler bei einem großen Turnier überhaupt nicht mehr tragen wird. Ich finde aber auch, dass er schon jetzt mehr als genug für Basketball-Deutschland geleistet hat.

Er ist ein ganz besonderer Sportler, und ich bin dankbar, dass ich ihn mittlerweile über 17 Jahre begleiten durfte. Ja, genau so möchte ich das ausdrücken, weil ich tatsächlich sehr stolz darauf bin.

DENNIS RODMAN

EINE DER VERRÜCKTESTEN Begegnungen, die ich in meinem ganz Sportreporter-Leben je hatte, war 1997, als ich mit Dennis Rodman, dem Star der Chicago Bulls, dessen Buch *Bad as I wanna be* auf dem deutschen Markt präsentierte.

Rodman wurde dazu extra aus den USA eingeflogen. Via Frankfurt landete er in Köln-Bonn und sollte Signierstunden zunächst in einer Buchhandlung in Aachen, danach in der Kölner Innenstadt geben. Wir waren alle total gespannt auf ihn. Rodman war der beste Rebounder in der amerikanischen Profi-Basketball-Liga. Ich schwärmte für ihn und machte mich über ihn lustig, wie viele andere auch. Denn Rodman war ja kein normaler Hochleistungssportler, Rodman war ein extrem extrovertierter Typ, sowohl auf dem Spielfeld als auch außerhalb davon. Er war bekannt dafür, dass er gerne mal in Frauenklamotten auftrat, und er fiel durch diverse Beziehungen zu Celebrities auf, stellvertretend sei hier nur Madonna genannt. Aber darum soll es an dieser Stelle gar nicht gehen. Sondern es geht um die Liebe Dennis Rodmans zum Autofahren.

Wir warteten also am Köln-Bonner Flughafen auf seine Ankunft. Wenn ich sage wir, dann waren das seitens des damaligen Deutschen Sportfernsehens DSF ein Redakteur, ein Kameramann, ein Tonassistent und ich als Reporter. Dazu kamen zwei Leute von Rodmans deutschem Verlag und schließlich noch die Vertreter eines großen deutschen Automobilherstellers, der Fahrzeuge für seine Entourage und ihn, Rodman selbst, zur Verfügung stellte.

Wir warteten also am Köln-Bonner Flughafen. Und irgendwann wurde es dunkel, wurde es düster: Dennis schritt uns entgegen. Dabei würdigte er uns keines Blickes, sondern seine allerersten Worte nach einem kurzen »Hallo« waren: »Wo ist das Auto?«, und: »Wo geht es hier zur German Autobahn?« Wir dachten nur, das ist ja schön, dass er uns gerade Mal guten Tag sagt, das kann ja heiter werden. Egal, ich gab dem Kameramann und dem Redakteur die Anweisung, die Mühle anzuschmeißen, die Kamera immer voll draufzuhalten und Rodman zu folgen. Und so marschierten wir denn alle hinter ihm her in Richtung Parkplatz.

Dort standen mehrere große Limousinen und ein Sportwagen, klein, flach und verdammt schnell (was, wir werden es noch sehen, nicht ganz ohne Bedeutung war). Rodman fackelte nicht lange, fragte schlicht und ergreifend nach dem Autoschlüssel und zwängte sich mit seinen gut zwei Metern, wohl sogar noch etwas drüber, in diesen winzigen Wagen. Wir selber hatten einen ganz normalen Mietwagen und bezogen den ebenfalls recht schnell. Und dann ging's auch schon los.

Rodman hatte natürlich keine Ahnung, wo es auf die A4 in Richtung Aachen ging. Und so ließ er uns, das war nach dem bisherigen Verlauf fast schon wieder überraschend, vorfahren. Wir fuhren mit fünf, sechs Autos, im vorletzten Wagen unser Kameramann, der die Kamera durch die Heckscheibe immer in Richtung Dennis Rodman hielt, und als Schlusslicht, hinter uns herzockelnd, unser Superstar von den Chicago Bulls. Wer den Flughafen Köln-Bonn kennt, der weiß, zunächst fährt man auf einen Zubringer in Richtung Autobahn. Danach muss man diverse Autobahnkreuze meistern, bevor man endgültig auf die A4 in Richtung Aachen gelangt. Hier nun gaben wir ein bisschen Gas, dachten, naja, der Rodman hat einen solchen Spaß am Autofahren, der möchte bestimmt gern mal etwas schneller fahren. Kann er in den Staaten ja nicht.

Ich konnte nicht in die Autos gucken mit den Leuten vom Automobilhersteller und auch nicht in das Auto mit den Leuten vom Buchverlag. Ich kann mir aber vorstellen, dass die in den anschließenden zehn bis fünfzehn Minuten relativ blass geworden sind, mir ging das nämlich ganz ähnlich. Wir waren noch nicht ganz auf der A4, da schoss der kleine Sportwagen mit dem großen Mann plötzlich ans uns vorbei. Und das, ich weiß gar nicht, ob der Regierungsbezirkspräsident des Kölner Raumes das jetzt lesen darf, auf dem Standstreifen.

Auf dem Standstreifen schoss Dennis Rodman an uns vorbei, ich würde mal sagen mit Tempo 200, 210. Das hört sich jetzt alles ganz lustig an, aber mir rutschte das Herz in die Hose. Trotzdem rief ich unserem Kameramann zu: »Halt die Mühle drauf!« Und zum Redakteur sagte ich: »Alex, gib Vollgas, hinterher!« Allerdings – und ich lege Wert darauf, das an dieser Stelle zu betonen – nicht auf dem Standstreifen, sondern auf der linken Spur. (Die Autobahn war relativ frei. Das schon mal zur Beruhigung all derer, die jetzt den ultimativen Wahnsinn befürchten.) Wir also volle Lotte hinterher. Der Abstand zu Rodmans Fahrzeug wuchs aber relativ schnell an, und er war kaum noch einzuholen. Das Lustige an der Geschichte – lustig in Anführungsstrichen – war nicht so sehr, dass er sich auf dem Standstreifen befand, als er Vollgas gab (offensichtlich kannte er sich mit den Verkehrsregeln, die allerdings in Deutschland wie in den USA vorschreiben, dass links überholt wird und nicht rechts, nicht sonderlich gut aus.) Zu allem Überfluss hatte er ja keinen blassen Schimmer, wo es hingehen sollte. Er saß da in seinem Auto und hatte den Tunnelblick, immer nur Vollgas.

Wenn ich sage: »immer nur«, dann will ich an dieser Stelle aber auch nicht übertreiben. Sechs, sieben, acht Minuten ging das so, lang genug, dann kamen immer mehr Autobahnzeichen, Autobahnschilder, und ich glaube, dass ihm schließlich doch ein bisschen mulmig zumute wurde, dem guten Dennis. Er ging vom Gas runter und fuhr auch nicht mehr auf dem Standstreifen, sondern auf der rechten Spur. Schließlich holten wir ihn ein und fuhren an ihm vorbei. Beim Überholen filmten wir weiter: Man sieht ein breites Grinsen in seinem Gesicht.

Bisher war »Hello« und »Where is the German Autobahn?« alles, was er von sich gegeben hatte. Aber dieser Gesichtsausdruck von Dennis, »the Menace«, wie er genannt wurde (auf Deutsch »der Bösewicht«), der sagte alles. Wie ein großes Kind saß er in dem kleinen Auto und war sich, glaube ich, überhaupt nicht, und das zieht sich wie ein roter Faden durch sein Leben, darüber im Klaren, dass er gerade ziemlichen Unfug getrieben hatte, denn wir müssen nicht darüber diskutieren, dass das natürlich auch anders hätte ausgehen können.

Dennis Rodman fährt gerne schnelle Autos. Das wussten wir nun. Danach hielt er sich aber, Überraschung, ganz brav an die Routine und fuhr unter Einhaltung aller Geschwindigkeitsbeschränkungen hinter uns her und kam schließlich auch heil bei der Buchhandlung in Aachen an. Und als wir dort vorfuhren, standen vor dem Laden bereits lange Schlangen, in erster Linie aufgeregt kreischende Mädchen. Rodman war nicht nur bei den Jungs, den Freaks beliebt, weil er so exzentrisch aussah und ein phantastischer Rebounder und Basketballer war, gerade auch bei den Frauen war er sehr, sehr angesagt – das muss ich an dieser Stelle zugeben.

Mittlerweile hatten uns auch die Leute vom Verlag und vom Automobilhersteller wieder eingeholt. Der ein oder andere war etwas blass im Gesicht. Dennis stieg aus und sagte: »Nice guys, nice guys!« Er hatte den für ihn wichtigsten Programmpunkt seines Besuchs in Deutschland abgehakt, Autobahn fahren mit einem schnellen deutschen Sportwagen. Und als er die vielen Fans vor der Buchhandlung erblickte, da wurde sein Grinsen noch breiter. Durch diese Höllentour hatten wir uns offensichtlich sein Vertrauen erarbeitet, denn er war plötzlich tierisch freundlich, erkundigte sich, was denn jeder von uns so mache und so weiter. Ich erklärte ihm, dass ich NBA-Reporter sei und ihn auch schon mehrfach in der Trainingshalle gesehen hätte. Man hatte aber zu Dennis Rodman, im Gegensatz übrigens zu Michael Jordan und Scottie Pippen, eigentlich nie einen persönlichen Zugang, weil man sich erst gar nicht getraut hätte, auf ihn zuzugehen. Das galt immer als heikle Angelegenheit. Ein völlig dusseliges Vorurteil. Als er realisierte, dass ich der Reporter war, der ihn auf Deutsch repräsentieren würde, war das Eis gebrochen. Wir scherzten und flachsten und er zeigte mir schließlich sogar, wie das funktioniert, bei den Mädchen so gut anzukommen.

Ich würde mich jetzt nicht gerade als schüchtern bezeichnen, aber was Rodman abzog, spottet jeder Beschreibung. Achtung, jetzt wird's machomäßig! Im Publikum saß ein Mädchen, jung, blond, sehr hübsch, und wartete wie alle anderen darauf, ihr Exemplar des Buches signiert zu bekommen. Rodman winkte sie einfach zu sich ran, und sie kam auch sofort. Er zeigte auf seinen Schoß, und sie setzte sich drauf und schmiegte sich an ihn. Er signierte triumphierend das Buch und schielte dabei zu mir herüber, so nach dem Motto: Siehst du, Alter, so wird das gemacht … (Übrigens sprachen wir auch über sein Buch – ich kann an dieser Stelle eigentlich nur empfehlen, es mal zu lesen. Man bekommt einen ganz guten Eindruck davon, wie dieser Exzentriker, dieser verrückte Hund, so tickt.)

Dennis Rodman ist zweifelsohne ein Superstar, ein VIP, auch in Deutschland. Aber damals hat er die drei Tage einfach wie jeder normale Mensch genossen. Wir gingen abends aus, tranken Jägermeister, aßen Pizza am Kölner Ring, feierten bis morgens um vier im Alten Wartesaal. Wenn man das heute einem Basketball-Fan erzählt – das glaubt einem keiner! Es war aber tatsächlich so, es gab keinen irgendwie ausgearbeiteten Plan, keine Security, wir gingen einfach los und hatten Spaß. Und ich glaube, das alles war nur möglich, es klingt echt komisch, weil Rodman direkt nach seiner Ankunft auf der Autobahn Vollgas geben konnte.

In den folgenden Jahren traf ich Dennis Rodman noch häufiger, zunächst als Spieler in der NBA, dann hin und wieder bei Showveranstaltungen. Mittlerweile haben wir uns leider völlig aus den Augen verloren. Aber dieser Tag, als wir zusammen vom Flughafen Köln-Bonn zur Buchhandlung nach Aachen fuhren, bleibt unvergesslich.

FUSSBALL EM UND WM

ES GIBT IMMER wieder Leute, die mich fragen, Mensch, von dir gibt es, was Basketball-Kommentare betrifft, so viel im Internet, du hast so viele Auszeichnungen bekommen für deine Live-Kommentare. Was ist eigentlich mit Fußball?

Nun, auch die meisten Fußball-Großereignisse begleite ich – auf der Couch, auf der Terrasse im Garten oder sonst wo am Fernsehschirm, wo ich als Fan wie jeder andere auch, zumal wenn das Spiel mit deutscher Beteiligung ist, rumtobe. Aber das erleben dann Gott sei Dank nur wenige.

Im Fernsehen habe ich nie Fußballweltmeisterschaften oder Europameisterschaften übertragen, nie Champions League kommentiert und nur ganz wenige Europaleague-Spiele. Aber keins, wo es um die Wurst ging, ums Ausscheiden oder Weiterkommen oder um einen Titel. Das habe ich im Fußball nie gehabt.

Beim DSF kommentierte ich in den 90ern mal UEFA-Pokalspiele. Damals experimentierten wir übrigens mit Co-Kommentatoren: Ein sogenannter Play-by-Play-Kommentator, der das Geschehen begleitet und emotionalisiert, und ein Analytiker, der ein bisschen erklärt und vertieft, was da gerade vonstatten geht. Ja, man kann da immer noch was erklären, auch wenn wir ein Land von mindestens 40 Millionen Bundestrainern sind. Das würde ich bei großen und wichtigen Fußball-Ereignissen auch heute für eine gute Form des Kommentars halten. Es ist abwechslungsreicher und ermöglicht mehr Tiefgang, aber auch gute Unterhaltung in doppelter Hinsicht. Ein Duo am Mikrofon muss sich aber finden und einspielen. Sie dürfen das Geschehen nicht totquatschen.

Ganz große Spiele habe ich also nie kommentiert. Es gab schon einige spannende, dramatische Fußballbundesliga-Spiele, die zum Aus-dem-Sulky-gehen waren. Aber es waren eben Spiele aus dem Bundesliga-Alltag. So was bleibt selten haften. Und das ist auch gut so. Weil: es geht ja nicht darum, dass ein Kommentator tolle Momente zwanghaft sucht, sondern es geht, und das meine ich so, wie ich es sage, immer um den Sport. Es gibt natürlich auch Bundesligaspiele, die denkwürdig sind. Mir fällt gerade dieses 4:4 zwischen Borussia Dortmund und dem VfB Stuttgart ein, das der Kollege Wolff Fuss bei Liga Total kommentierte.

Aber wie gesagt, das sind große Ausnahmen. In der Regel bleiben nur diejenigen Kommentare in Erinnerung, wo auch der Anlass, also das Sportereignis, und darum geht es am Ende des Tages immer, ein herausragender war.

Im Hause Buschmann wird während einer Fußballeuropameisterschaft oder Fußballweltmeisterschaft vor der Flimmerkiste gesessen. Manchmal bin ich auch von irgendwelchen Firmen gebucht, um Fußballspiele als Moderator zu begleiten, mit Prominenten zu diskutieren oder das Spiel in der Halbzeitpause oder nach Spielschluss zu analysieren – ja, solche Jobs gibt es während Europa- und Weltmeisterschaften!

Aber wenn das nicht der Fall ist, dann sitze ich am liebsten bei mir im Garten auf der Terrasse, der Flatscreen ist draußen aufgebaut, auf dem Grill brutzelt ein Würstchen. Manchmal setze ich eine Irokesen-Perücke auf, male mich schwarz-rot-gold an. Und dann schaue ich. Als Fan. Wahrscheinlich ein Bild für die Götter ...

Und dann fragen mich auch immer wieder Leute, wenn du so auf der Terrasse sitzt, mit Bratwurst und Bierchen, was sagst du eigentlich zu den Kommentaren? Wie findest du die Kommentatoren? Kann man das denn nicht viel besser machen?

Ja, die meisten Fußball-Großereignisse erlebe ich auf der Couch, auf der Terrasse im Garten oder sonst wo am Fernsehschirm. Aber dabei fertige ich kein Dossier über die Kommentatoren-Leistung der Kollegen an. Ich bin nicht der Chefkritiker der Kollegen. Das ist nicht meine Aufgabe und auch nicht das, was ich will. Ich sitze da als begeisterter Fußballanhänger, fiebre mit und achte nicht auf die Wortwahl des jeweiligen Kommentators.

Mir geht sowieso ein bisschen auf die Nerven, was an »Kommentatoren-Bashing« manchmal abgeht. Die Kollegen stehen natürlich im Fokus, wenn sie bei großen Turnieren auch schon mal vor 30 Millionen Menschen, wenn es ein

Endspiel ist, moderieren oder kommentieren. Dass sie es nicht jedem recht machen können, ist ja wohl klar. Ernst Huberty meinte einst in der Kommentatoren-Schulung, wenn Sie als Kommentator beim Fußball 50 Prozent Zustimmung erreichen, dann ist das schon ein richtig guter Wert.

Ich bewerte die Kollegen nicht, wenn ich die Konferenz am Samstagnachmittag von der Couch aus anschaue. Ich finde im Übrigen, dass wir einige sehr, sehr gute Fußballkommentatoren in Deutschland haben. Wer da die großen Dinger kommentiert, ist im Normalfall nicht dazu gekommen, weil er nichts kann, sondern weil er sein Handwerk versteht.

Es sind auch Geschmacksfragen, wie man einen Kommentator bewertet, es hängt auch davon ab, wie die deutsche Mannschaft abschneidet. Wenn Deutschland im Finale 2014 gegen Brasilien Weltmeister wird, dann ist auch der Kommentator jemand, der Geschichte schreibt, an den die Leute sich erinnern. Auch das ist klar. Da sind wir wieder bei dem einen entscheidenden Punkt: Das Ereignis macht den Kommentar, und damit auch das, woran sich die Leute erinnern werden. Das ist ein Umstand, den man begreifen muss. Spielt die Mannschaft schlecht und verliert, dann kriegt in der Regel auch der Kommentator auf die Mütze. Das liegt irgendwie im Naturell der Menschen.

Es kommt immer auf den Sport an. Kein Kommentator sollte sich daher auf einen Schild heben lassen, auf der anderen Seite muss er sich aber auch nicht pausenlos unterhalb der Erdoberfläche eingraben, weil er kritisiert wird.

Dieses Bashing, dass jeder meint, es besser zu können – jetzt verbrennt das Buch an dieser Stelle nicht gleich! –, das ist schon eine Sache, mit der ist nicht immer einfach umzugehen. Überall, wo man hinkommt, wird man auf irgendwas angesprochen, da war ein Fehler, dort wurde ein Name falsch ausgesprochen, dies und das wurde nicht richtig bewertet. Man sollte Kritik immer ernst nehmen und damit umgehen können. Die Fans empfinden das in dem Moment so, wie sie es sagen, und von daher ist es auch gar nicht so schlimm. Ihr Verhalten ist mir mit meiner etwas emotionaleren Art sogar recht nahe. Und wahrscheinlich ist es gut, dass ich die großen Fußballereignisse nicht kommentiert habe, denn um Gottes willen, was würden die, die den sachlichen Stil bevorzugen, möglicherweise verrückt werden dabei!

Man sieht, ei der Daus, auch ich reflektiere, was ich da tue und was an Reaktionen auf mich kommt. Und von daher weiß ich sehr wohl, dass es viele gibt, die sagen, der nervt, der geht mir zu sehr mit. Aber man muss schon genau sein: Mitgehen ja, wenn das Spiel es hergibt. Rumtoben beim 0:0 in der 32. Minute ohne Torchance wäre sicherlich nicht der richtige Weg.

Aber ein Finale Brasilien gegen Deutschland in Maracana live zu kommentieren, das würde mich ja schon reizen. Ein 4:3 für Deutschland nach Verlängerung mit Siegtor in der 119. Minute. Ratatatata ...

KOMISCHE MOMENTE

WENN ICH HIER folgende kleine Randepisoden zum Besten gebe, dann nicht, weil ich ein Enthüllungsbuch schreibe. Sie werfen Schlaglichter auf das TV- und Sport-Business und machen es dadurch vielleicht ein bisschen greifbarer.

Es sind komische Momente, auf die ich regelmäßig angesprochen werde. In der Tat, ich habe unheimlich viel Spaß in meinem Job. Manchmal muss ich aufpassen, dass ich nicht einfach laut loslache.

Das liegt zum Beispiel an vielen verrückten Kollegen, die sich einst folgendes Spielchen ausgedacht haben: Einer gibt einen Begriff vor, den der Kommentator oder Moderator irgendwie, koste es, was es wolle, während der Sendung unterbringen muss. Erhöhte Schwierigkeit: Der Begriff passt so gar nicht zum Kontext, in dem er gebraucht wird. Der absurdeste Begriff, den ich mal zu verwursten hatte, war »Proktologe«. Das war eine harte Nuss. Ich löste die Aufgabe, indem ich einem verletzten Spieler einen Besuch beim Proktologen wegen einer Wadenverhärtung andichtete. Aber da kann ein Proktologe nun wirklich nicht helfen ... Bevor sich die Fußballfans erzürnen: es handelte sich »nur« um ein NBA-Finale. Das ist mittlerweile 15 Jahre her. Heute würde ich mich zu einem solchen Spaß nicht mehr hinreißen lassen, außer er ist richtig gut. Aber ich war ja nicht alleine. Von anderen Kollegen weiß ich, dass mal ein fiktiver Fußballer durch die Medien geisterte, ohne dass es irgendjemand gemerkt hätte. Allein fünf-, sechsmal tauchte der Name, den ich hier jetzt nicht nennen werde, bei einer Bundesligakonferenz auf, und keiner registrierte es. Keiner merkte, dass man über ein Phantom sprach. Das ist schon interessant. Wir haben uns weggeschmissen.

Man sollte solche Dinge in Gottes Namen nicht mit Unprofessionalität verwechseln. Ich lege größten Wert darauf zu betonen, dass alle Kollegen, die in der Berichterstattung rund um die Fußballbundesliga unterwegs waren, also jedenfalls diejenigen Kollegen, mit denen ich zusammenarbeitete, ihren Job immer sehr ernst nahmen. Aber zwischendurch dachte man sich halt mal so Sachen aus. Sie taten keinem weh, verfälschten nicht den Spielverlauf, waren einfach kleine Gags, nicht mehr und nicht weniger.

Der Wahnsinn ist manchmal nicht fern. War übrigens auch 1998 so. Da befand ich mich als Live-Kommentator für das DSF in Wimbledon. Ich saß in einer der Sprecherkabinen jenes denkwürdigen Ortes, an dem Boris Becker, Idol meiner Jugend, einst große Triumphe feierte. Seitdem hat mich Tennis und ganz speziell Wimledon in den Bann gezogen. Jetzt waren wir, das DSF-Team, während des kompletten Turniers in London, arbeiteten rund um Uhr, übertrugen zig Stunden pro Tag live aus der Hochburg des Tennis, dazu Studiosendungen und Hintergrundberichte. Just in dieser Zeit lief auch die Fußball-Weltmeisterschaft in Frankreich, die für die deutsche Mannschaft, man erinnert sich (wenn auch nicht so gerne), nicht ganz so erfolgreich lief. In der Gruppenphase ging es gegen den Iran. Die Iraner waren für uns in erster Linie Leute, die durch Schnäuzer auffielen. Also beschlossen wir zur Vorbereitung auf dieses Gruppenspiel, uns eine Woche lang oberhalb der Oberlippe nicht mehr zu rasieren. Die gesamte männliche Crew des DSF ließ sich in der ersten Wimbledon-Woche einen Schnäuzer stehen. Das sah ziemlich bescheuert aus, muss man ganz deutlich sagen. War aber Ehrensache, keine Rasur oberhalb der Oberlippe. Die Kollegen aus den anderen Ländern, von den anderen TV-Stationen, waren ziemlich irritiert und starrten uns an, als kämen wir von einem anderen Planeten. Das ist der Wahnsinn, der einen regiert, wenn man so lange bei Außenproduktionen ist. Man denkt sich Unsinn aus … Wobei, ich überlege gerade, ob auch unsere Moderatoren damals mitgemacht haben. Nein, ich glaube eher nicht, das wäre in der Außenwirkung wahrscheinlich doch zu arg gewesen.

Nun, alles ist relativ. Heute wäre das kein Problem mehr, da haben plötzlich alle Menschen Vollbärte, um erwachsen, abgebrüht, erfahren und wild auszusehen. Aber damals, 1998, mussten wir die Moderatoren von dem Ehrenkodex entbinden, da hatte ein Schnäuzer etwas durchaus Anrüchiges. Der Rest von uns aber zog das rücksichtslos durch und hatte einen Riesenspaß dabei.

Und das berüchtigte Ratatata? Was hat es damit auf sich, wo kommt das her, wie ist das entstanden? Eine Antwort hierauf kann eindeutig und zweifelsfrei gegeben werden. Andres Montes (leider schon vor Jahren viel zu früh verstorben), der spanische TV-Kommentator von La Sexta, ist Schuld. Ich sah den Kollegen regelmäßig in den 90er-Jahren, und zwar bei den NBA Finals. Immer, wenn Michael Jordan die Dinger aus dem Feld reinmachte, und das geschah ja in Serie, ratterte der Spanier los. Wir haben uns über ihn kaputtgelacht, und mir wäre nie in den Sinn gekommen, ihn jemals nachzuahmen.

Bei der Basketball-Europameisterschaft 2011 in Litauen gab es dann dieses legendäre Spiel Deutschland gegen die Türkei. Vor allem ein Spieler, nämlich Philipp Schwethelm, drehte mächtig auf. Innerhalb kürzester Zeit schoss er vier Dreier rein. Sensationell! Ich bin, wen wundert's, wieder mal voll mitgegangen. Plötzlich war es da, platzte es aus mir heraus, ohne dass ich eine Sekunde drüber nachgedacht hätte: Ratatatatatatata. Wie weiland Andres Montes Ende der 90er-Jahre ...

Es gab Leute, die meinten, o Gott, das hört sich ja an wie ein Maschinengewehr, ganz schlimm, ein Militarist am Mikrofon! Und es gab Leute, die mir vorwarfen, Sauerei, das ist geklaut! All diese Leute hatten nicht mitbekommen, dass ich noch im selben Spiel, in einer Auszeit, erklärte hatte (weil ich mir ja schon dachte, na ja, das Ratatatata könnte für die empfindsame deutsche Seele ein bisschen heftig sein): dass der Laut erstens in keiner Form irgendwas mit Schusswaffen zu tun hätte; und zweitens, dass es sich bei meinem Ausbruch um eine Reminiszenz an einen ehemaligen spanischen Kollegen handele. Den Kollegen erwähnte ich auch namentlich, ich wollte mich ja nicht mit fremden Federn schmücken. Immer muss man alles erklären.

Es gibt seitdem aber auch Leute, die bei allen Übertragungen, an denen ich beteiligt bin, sei es »Schlag den Raab«, sei es Fußball oder natürlich Basketball, auf dieses Ratatatata geradezu hinfiebern, das, als ich es brachte, nicht kalkuliert war, sondern aus dem Bauch heraus kam.

Eine ebenfalls sehr umstrittene Aktion, über die ich nicht nachgedacht hatte, sonst hätte ich sie vielleicht nicht gemacht, dann hätte Ratio über Emotion gesiegt, war bei meinem letzten Basketball-Bundesligaspiel für Sport1. Wir waren zu Gast in Hagen, meiner ehemaligen Heimatstadt. Denn in den Playoffs der Saison 2012/2013 spielte Phoenix Hagen, der Nachfolger des ehemaligen SSV Hagen (ja, wir kriegen die Kurve ganz zum Anfang, wo alles begann), gegen den Titelverteidiger, die Brose Baskets aus Bamberg. Das war für mich unglaublich emotional. Die Wege von Sport1 und mir würden sich trennen, in der Folgesaison würde ich keine Basketball-Bundesliga mehr übertragen, es würde das vorerst letzte Mal sein, dass ich in der altehrwürdigen Ischelandhalle in Hagen kommentiere.

Dann kam ich rein in die Halle, sah all die bekannten Gesichter, der Hallenwart war immer noch der gleiche, der Hallensprecher, die Ordnungskräfte, die Erinnerungen kochten hoch, und als kurz vor dem Spiel die Fans auf dem Heuboden, wie die Ecke oben unter dem Dach der »Ischehölle« genannt wird, ein riesiges Plakat hochhielten: »Willkommen zu Hause, Buschi«, war es um mich geschehen. Man mag einwenden, das darf einem Reporter nicht wichtig sein, er darf nicht gemocht werden wollen – aber ich hatte es ja nicht bestellt, sondern es hat einfach stattgefunden.

Zu allem Überfluss wurde es auch noch ein unfassbares Spiel. Man möge mir glauben: in der Basketball-Bundesliga war ich immer komplett neutral. Wenn ich mal mitging für eine Mannschaft, dann passierte es im Unterbewusstsein und war im Zweifel immer für den Underdog, für den Außenseiter. Wie in diesem Fall der Hagener gegen die übermächtigen Bamberger (die die Serie am Ende übrigens recht klar gewannen). Hagen spielte Tempo-Basketball, hatte spektakuläre Aktionen zu Hauf, eine Wahnsinnstrefferquote, war mit dem deutschen Meister auf Augenhöhe. Das Spiel ging unter die Haut!

Kleiner Einschub an dieser Stelle, Stichwort Beziehung Reporter und Fans: Während der Halbzeitpause kam jemand zu mir und überreichte mir ein Glas Gurken. Ich dachte, was will der denn jetzt, stellt mir ein Glas Gurken hin! Er sagte nur: »Hier, Buschi, wir haben ein paar Gurken für dich geklaut, von deinen Gurkendieben.« Weil ich auf Facebook die Leute gerne als Gurkendiebe bezeichne ...

Das Wahnsinnsviertelfinalspiel endete tatsächlich zugunsten der Hagener. Ich hatte schon in die Werbung abgegeben, als plötzlich der gesamte Heuboden skandierte: »Buschi, mach die Humba. Buschi, mach die Humba«. Ich denke, ganz viele Kollegen hätten sich zu Neutralität verpflichtet gefühlt, so nach dem Motto: Schließlich wirst du den Bambergern noch häufiger begegnen. Also wie damit umgehen? Wie so häufig in meiner Laufbahn ließ ich den Emotionen freien Lauf, marschierte hoch auf den Heuboden, mischte mich unter die Fans und schnappte mir das Megafon: »Gebt mir ein H, gebt mir ein U, gebt mir ein M, gebt mir ein B, gebt mir ein A, wir singen Humba Humba Täterä.« Und dann ging die Post ab. Ich glaube, jeder, der die Fernsehbilder sah, musste auch bemerken: Mir war das letztlich doch sichtlich unangenehm. Es war keine einfache Situation, weil ich in dem Moment natürlich ganz genau wusste, oh, oh, oh, wenn das einer falsch verstehen will, dann gibt es auf die Mütze. In dieser hochemotionalen Situation meldete gleichzeitig die Ratio bei mir Bedenken an.

Die Bamberger nahmen mir die Aktion übrigens gar nicht übel. Die haben diese besondere Situation – Rückkehr in die Heimatstadt, die Basketball lebt und liebt, Rückkehr in die Halle, wo man selbst gespielt hat, letztes Spiel für den Sender – durchaus verstanden. Die Bamberger wussten immer, dass ich alles andere als ein Problem mit ihnen hatte, sie erinnerten sich, dass ich die Brose Baskets schon genauso abgefeiert hatte für große Siege, für zahlreiche Meisterschaften. Da ist nichts zurückgeblieben.

Dass das manchen Leuten auf die Nerven ging, und damit komme ich langsam zum Ende, das kann ich durchaus nachvollziehen. Man darf sich nichts vormachen. Es gibt immer auch die andere Seite, die sagt, der ist mir zu laut, der ist mir zu gefühlsbetont, der hat doch keine Ahnung von seriöser Sportberichterstattung. Man darf nicht kritikunfähig werden, sondern sollte immer wissen, man ist nicht perfekt, macht niemals alles richtig. Das gilt für das Inhaltliche, wo ich immer hoffe, dass ich up to date bin, dass ich mitkriege, was gerade so angesagt ist (es geht ja nicht nur um Regeln, sondern auch um Hintergrundgeschichten, um Analysen). Aber was ich mir darüber hinaus vor allem auf die Fahne schreibe, bei allen Sprüchen, die ich bei Sportübertragungen und im Unterhaltungs-TV mache: Ich möchte niemanden fertigmachen, niemanden diskreditieren, weil ich das, was ich tue, wirklich liebe. Und ich könnte das nicht tun, wenn nicht die Hauptdarsteller, nämlich die Sportler, die Akteure, so fantastisch wären. Das mag jetzt reichlich pathetisch klingen. Aber ich meine das ernst. Niemals, niemals möchte ich einen Sportler oder eine Mannschaft, so schlecht sein oder ihr Tag auch sein mag, fertigmachen. Das kann es nicht sein. Man muss Kritik üben dürfen, man muss auch mal unbequeme Wahrheiten aussprechen dürfen, aber man sollte immer Fairness walten lassen. Ansonsten stellt man sich über die Sache. Und das ist meine Geschichte nicht. Auch wenn das für den ein oder anderen vielleicht anders rüberkommen mag.

BASKETBALL EM 2001

MEIN ERSTES GROSSES internationales Basketballturnier, das ich live im Fernsehen kommentierte, war 2001 in der Türkei. Mit dabei als Experte war damals Stefan Baeck, Europameister von 1993. Die Vorrundenspiele der deutschen Mannschaft mit dem aufgehenden Stern am Basketballhimmel, Dirk Nowitzki, fanden in Antalya statt.

Antalya, wunderschön gelegen an der türkischen Riviera – und ich durfte im gleichen Hotel wie die Mannschaft wohnen! Da möchte ich an dieser Stelle mal ein fettes Dankeschön an den Deutschen Basketball-Bund richten. Der ermöglichte mir das im Laufe der Jahre, in denen ich ab 2001 die Nationalmannschaft begleitete, immer wieder. Dabei hieß es zunächst, da kommst du nicht rein, das erlaubt der Europäische Basketball-Verband nicht, Journalisten im Team-Hotel sind tabu. Ich hatte aber über Svetislav Pešić, den damaligen Trainer der Jugoslawen, erfahren, dass jugoslawische Journalisten dies irgendwie doch geregelt hatten. Und also ging das dann auch bei mir. Antalya, Hotel Dedemann, Aufzug direkt runter zum Meer, an den spielfreien Tagen in der Sonne liegen – ja, tatsächlich, manchmal ist der Job richtig großartig!

Ich war also zusammen mit der deutschen Mannschaft in Antalya in diesem wunderschönen Hotel untergebracht. Ich war ganz dicht dran, zumal der damalige Bundestrainer Henrik Dettmann nichts dagegen hatte, dass ich mit den Jungs auch mal zwischendurch sprach oder bei den Mahlzeiten dabei war. Wobei ich versuchte mich zurückzuhalten, denn bei aller Nähe hatte ich ein bisschen Angst, dass ich stören könnte. Man ist eben doch der Reporter, der Journalist, der bei einer Live-Übertragung auch mal was kritisieren möchte, man ist nicht unbedingt bei jedem Spieler wohlgelitten.

Das Turnier begann für die deutsche Mannschaft mit einem ungefährdeten 92:71-Sieg gegen die Esten. Damit war die Chance, in die nächste Runde zu kommen, gegeben. Ich will hier nicht den Modus des Turniers in allen Einzelheiten wiedergeben, aber der Gruppensieger zog direkt ins Viertelfinale ein, die Mannschaften auf den Plätzen zwei und drei mussten überkreuz spielen – Cross Elimination Game hieß das damals. Und da man den Esten nicht zutraute, ein Gruppenspiel zu gewinnen, schien zumindest der dritte Platz machbar, über den man dann ins Viertelfinale einziehen konnte.

Das nächste Spiel hatte es schon mehr in sich. Gegner waren die hoch eingestuften Kroaten. Aber die deutsche Mannschaft spielte sehr, sehr stark und gewann mit 98:88. Das bedeutete in der Gruppe bereits Platz 2. Im letzten

Gruppenspiel ging es gegen die haushoch favorisierten Jugoslawen, gecoacht eben von Svetislav Pešić, genannt »Der Alte«, Europameister-Trainer der deutschen Basketball-Nationalmannschaft von 1993. Der Sieger würde automatisch ins Viertelfinale einziehen, sich also dieses Cross Elimination Game ersparen. Im Großen und Ganzen gab es trotz einer durchaus passablen Leistung erwartungsgemäß nichts zu holen. Am Ende unterlag man 73:86 gegen Jugoslawien, das somit direkt ins Viertelfinale einzog.

In Deutschland begann man den Auftritt der Mannschaft von Trainer Dettmann, die in der Vorrunde als Team fasziniert hatte, mit der Leuchtfigur Dirk Nowitzki vorweg, nun genauer zu verfolgen. Im Cross Elimination Game ging es gegen die Griechen, erneut in der relativ kleinen Halle in Antalya, die mit dreieinhalbtausend Zuschauern rappelvoll war. Es wurde eines der Basketballspiele, die ich in meinem Leben nicht vergessen werde, auf diesem Niveau eines der verrücktesten Spiele überhaupt, das ich je kommentiert habe.

Die griechische Mannschaft lag den Deutschen eigentlich nie besonders, weil sie immer sehr hart, sehr körperbetont spielte. Ich weiß noch, dass Co-Kommentator Stefan Baeck und ich extrem nervös waren, zumal wir mitbekommen hatten, dass in Deutschland mittlerweile ein zartes Pflänzchen wuchs, dass die Leute sich für Basketball zu interessieren begannen. Tatsächlich fing das Spiel nicht besonders gut an. Ich weiß nicht, wie oft ich »Eieieiei, ououou, das darf doch nicht wahr sein« und solche Dinge gesagt habe, es lief wirklich nicht viel zusammen, ehrlich gesagt, sah es nach einer glasklaren Niederlage aus. Halbzeitstand 31:47 aus deutscher Sicht, vergesse ich nie. Alle, die in der Halle waren, dachten zur Pause: Aus der Traum, das war's, kein Viertelfinale, keine K.-o.-Runde in Istanbul, auf Wiedersehen in Frankfurt.

Stefan Baeck war völlig frustriert. Ich musste runter von meinem Platz. Ich wollte zu einem kleinen Imbiss, so 300 Meter hinter der Halle, Tee holen. Der Besitzer konnte kein Wort Deutsch oder Englisch, ich konnte kein Wort Türkisch. Wir unterhielten uns immer mit Händen und Füßen über Basketball, wenn man es unterhalten nennen kann. Auf dem Weg dorthin traf ich den Präsidenten des Deutschen Basketball-Bundes Roland Geggus. Wir schüttelten nur die Köpfe. Ich war eben sehr dicht dran, fieberte mit der Mannschaft mit, hatte vielleicht nicht die nötige Distanz. Wir rauchten eine Zigarette nach der anderen.

Nein, liebe Kinder und Jugendliche und alle überhaupt, man soll nicht rauchen. Aber ich glaube, wir quarzten eine halbe Schachtel weg in der Halbzeitpause und lamentierten: warum ausgerechnet heute jetzt hier in diesem wichtigen, entscheidenden Spiel. Die Mannschaft hatte einen schwarzen Tag, und auch Nowitzki nicht seinen besten. Ich war regelrecht sauer, dass das nicht besser lief. Aber okay, die zweiten 20 Minuten mussten eben noch über die Bühne gebracht und zu Ende kommentiert werden, bevor es dann in den Flieger nicht nach Istanbul, sondern Richtung Frankfurt, Richtung Heimat ging.

Doch die deutsche Mannschaft kam recht gut rein in die zweite Halbzeit. Der höchste Rückstand betrug, glaube ich, zu Beginn der zweiten Hälfte 19, 20 Punkte. Gegen eine griechische Mannschaft hast du dann normalerweise verloren. Aber das Team holte Punkt für Punkt auf, es robbte sich ran. Das Schöne an der ganzen Geschichte: Es war eben nicht nur der große Blonde, es war nicht nur Dirk Nowitzki, der mit einer Solo-Show die Aufholjagd anführte, sondern es war tatsächlich eine Team-Leistung. Dann kamen die letzten fünf, sechs Minuten und ich brüllte nur noch: »Rein, rein, ja, ja, jaaa, Nowitzki für drei« und solche Geschichten. Meine Stimme war hinterher komplett weg, aber die deutsche Mannschaft im Geschäft. Und in der entscheidenden Schlussphase, auch das werde ich sicherlich noch meinen Enkeln erzählen, war es der griechische Aufbauspieler, der Weltklassemann, der 2 Meter große, überragende Spielgestalter Theodoros Papaloukas, ausgerechnet, der Nerven hatte, und zwar schlechte. Die Deutschen hatten sich ihn auserkoren und mehrfach gefoult, um ihn an die Freiwurflinie zu bringen. Damals gab es noch die Eins plus Eins Freiwurfregelung (trifft man den ersten, kriegt man den zweiten, trifft man ihn nicht, geht das Spiel weiter). Papaloukas verschoss in der Schlussphase dieses entscheidenden Spiels alles. Die deutsche Mannschaft schaffte es, sich einen kleinen Vorsprung zu erspielen.

Baeck und ich staunten: Foul an Papaloukas. Papaloukas geht an die Freiwurf-Linie. Papaloukas verschießt. Die deutsche Mannschaft zeigte Nervenstärke. In den letzten 70, 80

Sekunden zeichnete sich endgültig ab, dass sie dieses wichtige Cross-Elimination-Spiel gewinnen würde. Am Ende hieß es 80:75.

Mir verschlug es die Sprache. Das war außergewöhnlich, exorbitant, eine deutsche Basketball-Nationalmannschaft, die mit so viel Herz zurückkam, mit so viel Kampfgeist, mit so viel Einsatz, mit so viel Glauben an sich selbst! Es war eine Leistung der gesamten Mannschaft und der Trainer. Mir blieb die Stimme weg und ich heulte los. Das war keine Show. Gibt ja immer Leute, die sagen, jaja, da macht er wieder Mätzchen. Überhaupt nicht. Mir blieb die Stimme weg und ich weinte und brachte nur bruchstückhaft einzelne Sätze raus.

Stefan Baeck, mein Co-Kommentator, war ebenfalls völlig erschlagen. Aber natürlich waren wir überglücklich und brüllten am Ende nur noch: »Jaaa! jaaa! jaaa!«

Heute, mit ein bisschen Abstand, weiß ich, dass man das sicherlich auch kritisch sehen kann. Die Zuschauer, die eine ganz andere Sportberichterstattung in Deutschland gewohnt waren, reagierten zum Teil entsprechend heftig. Es gab aber auch ein paar, die sagten, da ist ein Wahnsinniger am Mikrofon, das müsst ich ihr euch mal anhören, und auch das Team, unsere langen Kerle, diese Korbballer, die sind richtig gut! Zufällig passierte das Ganze an dem Wochenende, an dem die deutsche Fußball-Nationalmannschaft in München mit 1:5 gegen die Engländer unterging. Die Bildzeitung brachte im Sportteil am nächsten Tag eine Doppelseite. Links die Fußballer – ganz, ganz schlecht (ich glaube, das war die Geschichte mit den Bratwürsten), rechts die Basketball-Nationalmannschaft, Überschrift: »Seht ihr, Jungs, so wird das gemacht!« - mit Pfeil auf die Basketballer. Es entstand in Sportdeutschland so etwas wie echte Begeisterung für die deutsche Basketball-Nationalmannschaft.

Auch für uns Fernsehleute hieß es nach diesem Traumsieg, der Flieger geht nicht in Richtung Heimat, der Flieger geht in Richtung Istanbul. Dort sollte der Wahnsinn absolut weitergehen. Der Viertelfinalgegner hieß Frankreich. Die Franzosen hatten sich direkt für dieses Viertelfinale qualifiziert und waren auch damals schon sehr, sehr stark. Trotz Nowitzki gingen sie als Favoriten in das Spiel.

Aber, wie es dann so ist, die Mannschaft hatte durch die abgewendete Niederlage so viel Selbstvertrauen getankt, dass sie gar nicht verlieren konnte. Jeder Sportpsychologe weiß, wenn du ein Spiel, das verloren scheint, egal ob im Basketball oder in einer anderen Sportart, doch noch drehst, dann entwickelt sich eine gewisse Eigendynamik. Entsprechend bezwang die deutsche Mannschaft im Abdi-Ipekci-Sportpalast in Istanbul die Franzosen mit 81:77. Und plötzlich stand Deutschland, unvorstellbar eigentlich, nach 1993 bei einer Basketball-Europameisterschaft mal wieder in einem Halbfinale.

Die Einschaltquoten im Fernsehen gingen in die Höhe. Die Leute wollten plötzlich Basketball sehen, es entstand ein regelrechter Hype. Über 1,5 Millionen Menschen hatten das Spiel Deutschland gegen Frankreich im Schnitt im TV gesehen. Und nun der Gastgeber Türkei.

Ein so unfassbares Publikum, eine dermaßen aufgeheizte Atmosphäre habe ich selten erlebt. Bereits eine Stunde vor Spielbeginn konnte man den Eindruck haben, dass die Partie schon rum war, so feierten, sangen und tobten die türkischen Fans. Die Halle war zugelassen für 12 000 Zuschauer, ich bin mir aber sicher, es waren 15 000 drin. Die Türken hatten allerdings mächtig Respekt vor der deutschen Mannschaft, vor allem vor Dirk Nowitzki, der bis dahin ein unglaubliches Turnier gespielt hatte und auch weiter spielen sollte.

Das Spiel fand an einem Samstagabend statt. Mir ist hinterher glaubhaft berichtet worden, dass in Kneipen und in Sportbars in Deutschland an diesem Samstag im Jahr 2001 Wirte genötigt wurden, von der Fußball-Bundesliga, die in der Zusammenfassung gezeigt wurde, umzuschalten auf Basketball.

Es war ein Spiel, das immer Spitz auf Knopf stand, Stefan Baeck und ich waren völlig nassgeschwitzt, so fieberten wir mit. Der Traum vom Endspiel zur Europameisterschaft! Es waren noch zwölf Sekunden zu spielen, die Türken hatten Einwurf, es lief eine Auszeit vorher, und die deutsche Mannschaft war mit drei Punkten vorn – bei noch zwölf Sekunden Spielzeit, Einwurf unter dem eigenen Korb für die Türkei. Es war natürlich klar, die deutsche Mannschaft durfte alles zulassen, nur keinen Dreipunkt-Wurf. Aber da hatten die Türken einen Experten namens Hedo Turkoglu ...

Die Türken bringen den Ball nach vorne. Bei noch acht Sekunden auf der Uhr überschreiten sie die Mittellinie. Ich denke, okay, alles richtig gemacht, lasst ein bisschen Zeit von

Ist die Nummer 8 nicht süß ...? © Privatarchiv Frank Buschmann

Auch mit über 30 beim Streetball noch in shape! © Privatarchiv Frank Buschmann

1. Sammer, Vogts, Buschmann - eine Frisur! © picture-alliance / Anke Fleig / SVEN SIMON

2. 2002, der Beginn der Arbeit für und mit Gerhard Schröder (»Ich bin der Gerd«). © Privatarchiv Frank Buschmann

3. Udo Lattek und Hans Meyer, dazu die Kollegen Gronewald und Brückner. Eine tolle Zeit beim DSF! © picture-alliance / SVEN SIMON

4. Peter Neururer, viel mehr als nur eine Plaudertasche, ein toller Typ!

© picture-alliance / augenklick / firo Sportphoto

Mit dem Wok die Schanze runter. Ich brauche solchen Wahnsinn. © dpa

Eine ganz spannende Erfahrung 2008: Moderator im
deutschen Haus in Peking (hier mit Mirko Slomka). © dpa

1. Mein letzter Auftritt für Sport1 beim Basketball. Die Fans in Hagen trieben mir Tränen in die Augen! © picture-alliance / Digitalfoto Matthias

2. Am Mikro beim Basketball, ratatata ... © picture-alliance / Eibner-Pressefoto

3. Ohne sie wäre das alles nicht möglich: Danke Antje! © picture-alliance / SVEN SIMON

4.

4. 2013 von den Spitzensportlern zum besten Kommentator gewählt worden. Danke! © dpa

5. Der erste Gast im Keller bei Buschi-TV: Marco Hagemann von Sky © Privatarchiv Frank Buschmann

6. Agent? Brauche ich nicht! Dann kam Sascha Fabian, zum Glück! © SPORTSFREUDE / Tobias Hase

5.

6.

Rausgeputzt bei SAT1. Die haben eine gute Maske ... © dpa

Dirk Nowitzki hat meinen Ruf als Kommentator entscheidend geprägt. © Imago/Camera 4

Mit Kloppo. Lang ist es her ... © imago / Martin Hoffmann

Detlef Schrempf im Interview. Er war immer sehr zurückhaltend. © imago / Sauer

Momente, die mir keiner mehr nimmt: Im Gespräch mit Scottie Pippen 1997. © Imago/Camera 4

Wer behauptet, mir fehle die Distanz, hat doch keine Ahnung ... Danke für die Dusche, Marko Pesic! © Imago/Camera 4

der Uhr laufen und dann bitteschön irgendeinen Spieler foulen, wenn er den Ball bekommt, und zwar bevor er wirft, damit es keine drei Freiwürfe gibt, wenn er in der Wurfbewegung gefoult wird. Der Ball kommt zu Hedo Turkoglu. Für mich gibt es nur noch eines. Ich brülle wie am Spieß: »Foul, Foul, Foul!« Aber die deutsche Mannschaft foult nicht. Sie lässt Hedo Turkoglu aus der Distanz hinter der Drei-Punkt-Linie abdrücken und der, ich kriege jetzt noch Ausschlag, wenn ich das erzähle, haut den Dreier rein. Die Bude explodierte, das Spiel, da es im Basketball bekanntermaßen kein Unentschieden gibt, geht in die Verlängerung. Es kommt, wie es kommen muss: Die deutsche Mannschaft verliert den Krimi mit 78:79 nach Verlängerung. Hatte das Endspiel schon auf dem Tablett. Gibt es aus der Hand ...

Der Rest ist Geschichte. Mit hängenden Köpfen ging es ins Spiel um Platz 3 und die Bronzemedaille. Da setzte es eine Niederlage gegen die Spanier. Aber insgesamt war es doch ein wunderbares Turnier, ein ganz tolles Erlebnis, das mich prägen sollte für die nächsten Jahre, zumindest als Reporter bei großen internationalen Basketball-Turnieren. Bis zu dreieinhalb Millionen Zuschauer verfolgten das Turnier am Ende im TV. Das war für einen Spartensender und für eine, man muss es schon so sagen, Randsportart ein sensationelles Ergebnis.

Nowitzki war in diesem Turnier übrigens mit 28,7 Punkten im Schnitt erfolgreichster Korbjäger, holte dazu noch neun Rebounds pro Partie. Sein endgültiger internationaler Durchbruch. Das war sein Turnier. Und es war ein sensationelles Turnier der deutschen Basketball-Nationalmannschaft.

Nur warum es kein Foul gegeben hat in jenen Schlusssekunden, das weiß keiner.

Drei Randnotizen zu dieser Europameisterschaft möchte ich noch machen. Zunächst über den bereits angesprochenen Hype. Nach dem Erfolg der Mannschaft musste ich als Live-Reporter, der eben etwas anders kommentierte, als man das bisher in Deutschland gewohnt war, sehr viele Radio-Interviews geben. Aber, und das will ich sagen, als Reporter bist du nur so gut wie das, was der Sport liefert. Du kannst nicht rumbrüllen, nicht mitfiebern, nicht weinen, nicht jubilieren, wenn du Geranien beim Wachsen zuguckst. Die Sportler und ihr Sport sind immer der Ausgangspunkt. Und das hatte sich in Deutschland rumgesprochen, sodass ich ein Interview nach dem anderen geben musste.

Dann will ich noch diese Geschichte erzählen: In Istanbul war auch der Papa von Dirk Nowitzki dabei, Jörg, mit dem ich viel rumflachste, mit dem ich am Pool lag an den spielfreien Tagen, mit dem ich über seinen Sohn philosophierte, der mir Geschichten aus Dirks Kindheit erzählte. Irgendwann, als ich an einem spielfreien Tag den vierten Anruf bekam, was ich denn zu dem Erfolg der deutschen Basketballer in der Türkei sagen würde? Ich erwiderte: »Ach Leute, ich habe jetzt echt keine Lust mehr, aber wenn ihr wollt, neben mir liegt der Vater des neuen deutschen Superstars, wollt ihr mit Jörg Nowitzki sprechen?« Ich reichte das Handy weiter und sagte, hier Jörg, gib du mal ein Interview.

Man vergleiche das mal mit Fußball! Hier herrscht ein ganz anderes Medienaufkommen. Ich war der *eine* TV-Reporter, der nahe an der Mannschaft, an den Verantwortlichen dran war. Das ist im Fußball komplett anders. Wie gesagt, auch noch in den folgenden Jahren konnte ich so exklusiv arbeiten.

Und noch etwas. Als ich nach Hause kam, zeichnete sich sehr schnell ein Wendepunkt in meiner Laufbahn ab. Ich wurde selten so viel beschimpft von Feuilletonisten wie nach dieser Europameisterschaft. Ich gebe ja gerne zu, dass ich den Zuschauern vielleicht zu früh das Gefühl vermittelt hatte, die deutsche Mannschaft wäre kurz vor dem Gewinn der Europameisterschaft. Denn schon in der Vorrunde war ich extrem mitgegangen. Das würde ich heute so vielleicht auch nicht mehr machen. Aber ich bekam für meine Art zu kommentieren gleich dermaßen auf die Schnauze! In den Zeitungen hieß es: wie kann man nur einen Fan als Berichterstatter auf ein internationales Turnier schicken? Das ist ein Skandal! Das geht gar nicht!

Hätte ich befolgt, was mir damals nahegelegt wurde, hätte ich im Oktober 2001 aufhören müssen mit Live-Reportagen, mit Live-Kommentaren im Fernsehen. Habe ich aber nicht. Und beim Turnier 2005 in Serbien und Montenegro, das sogar noch ein bisschen erfolgreicher werden sollte für die Nationalmannschaft, schrieben die gleichen Feuilletonisten plötzlich ganz anders ...

AUSFLUG IN DIE POLITIK

EIN BESONDERES KAPITEL in meiner Sportjournalisten-Laufbahn sind meine Ausflüge in die Politik.

2002, kurz vor der Fußballweltmeisterschaft in Japan und Südkorea, fragte mich der Freund eines Kollegen, ob ich nicht einen Kontakt zu einer guten Moderatorin aus dem Sportbereich hätte, die SPD in München plane eine Veranstaltung im Augustiner-Keller, wo es um das Ehrenamt im Sport ginge. Gäste unter anderem Oberbürgermeister Christian Ude, Bundesinnenminister Otto Schily (zuständig auch für Sport) und Bundeskanzler Gerhard Schröder.

Ich dachte sofort an Monika Lierhaus, die ich sehr schätzte. Ich riet ihm, sich an die Verantwortlichen von Premiere, heute Sky, zu wenden, wo sie unter Vertrag stand. Monika konnte aber nicht, sie war für die Fußballweltmeisterschaft im Einsatz. Nach weiteren vergeblichen Versuchen, eine Frau in diesem damals noch sehr von Männern dominierten Bereich zu finden, rief mich der Freund des Kollegen erneut an, ob ich nicht selber Lust auf diesen Job hätte. Ich sagte, ich sei a) keine Frau, b) fühlte ich mich überrumpelt.

Aber natürlich sagte ich zu, die Moderation bei dieser Veranstaltung im Augustiner-Keller in München zu übernehmen.

Es war eine ganz normale Podiumsdiskussion, und dennoch war ich ziemlich nervös. Den Bundeskanzler lernt man schließlich nicht jeden Tag kennen. Wenn du vor deinem Oberbürgermeister, deinem Innenminister, deinem Bundeskanzler stehst, dann ist schon das Guten-Tag-Sagen etwas Besonderes. Wobei sich die Begrüßung tatsächlich auf ein kurzes Händeschütteln und »Ich bin Frank Buschmann, und wer Sie sind, weiß ich ja«, beschränkte. Danach ging es direkt rein in die Veranstaltung. Natürlich hatten sich die geladenen Politiker nicht groß mit mir beschäftigt. Für die war das schon mal gar nichts Besonderes. Für die war das eine Veranstaltung wie unzählige andere auch.

Alles in allem lief es recht gut, und als wir nach dem Schlussapplaus aufstanden, schlug mir Gerhard Schröder volle Lotte auf die Schulter und sagte: »Gut gemacht, Junge, wir sehen uns wieder!« Nun, ich fühlte mich natürlich geschmeichelt. Grinsend antwortete ich: »Ja, das wäre nett«, ohne mir groß etwas dabei zu denken.

Zwei Wochen später klingelte das Telefon. Am anderen Ende der Leitung sagte jemand: »Ich bin vom SPD-Parteivorstand, wir würden Sie gerne sprechen, können Sie in den nächsten Tagen nach Berlin kommen?« Darauf ich: »Schmetti, hör auf, mich zu verarschen, ich hab da jetzt keinen Bock drauf.« Schmetti war ein Kollege beim Fernsehen. Er wusste von meinem Auftritt mit den Granden der Politik; ich dachte, er will mich auf die Schippe nehmen. Der Mann am anderen Ende wiederholte: »Ich bin vom SPD-Parteivorstand. Wir würden gerne einen Termin mit Ihnen machen.« Und ich wieder: »Schmetti, jetzt hör auf mit dem Mist, ich hab zu tun!« Als der Mann in der Leitung aber nicht locker ließ, ging mir langsam ein Lichtlein auf.

Ich fing an, wortreich zu erklären, dass der Kollege Schmettau mich immer veräppelte, und nicht nur mich übrigens, sondern die gesamte Kollegenschaft beim DSF, doch bevor ich mich immer weiter reinritt, sagte er es ein drittes Mal: »Wir möchten Sie bitten, nach Berlin zu kommen, es geht um den Bundestagswahlkampf 2002.«

Ohne jetzt meine politische Gesinnung oder sonst was breitzutreten: Das war auf jeden Fall was Neues, und Schröder bei dieser Veranstaltung in München – ja, den fand ich spannend, das war ein Menschenfänger ... Also ab nach Berlin.

Hier stellte sich heraus, dass man mich als Moderator für ungefähr zehn Wahlkampfveranstaltungen haben wollte. Mich packte der Ehrgeiz, und so wurde ich Wahlkämpfer für Gerhard Schröder.

Im Grunde läuft so was ab wie ein Show-Act. Ich war der Conférencier auf der Bühne. Im Vorprogramm führte ich Gespräche mit den Kandidaten für den Deutschen Bundestag, mit Leuten aus den Ministerien, mit Bundesministern, mit Ministerpräsidenten der Bundesländer. Um dann, so war der Plan, den Bundeskanzler der Bundesrepublik Deutschland, Gerhard Schröder, anzukündigen, ihn mit großem Tamtam auf die Bühne zu holen. Man erinnert sich vielleicht, die Bundestagswahlkämpfe 2002 und 2005 gingen schon sehr in Richtung US-amerikanischer Wahlkampf.

Die ersten Veranstaltungen gingen soweit ganz gut über die Bühne. Wie ich so bin, machte ich auch ein paar schlaue Vorschläge, was man noch ändern könnte. Der Umgang mit Gerhard Schröder war dabei sehr entspannt, auch wenn er andere Dinge im Kopf hatte, als auf die Vorschläge eines Moderators einzugehen.

Alles wurde anders mit einer Veranstaltung in der Gruga-Halle in Essen. Wenn Schröder 2002 im Bundestagswahlkampf auftrat, waren die Hallen rappelvoll, alle Plätze besetzt, so auch in der Gruga-Halle. Es lief zunächst wie üblich: Vorprogramm, Interviews, Ankündigung des Bundeskanzlers, seine Rede. Dann aber hatten die Kumpel aus einer Zeche in Essen noch ein Geschenk für Gerhard Schröder vorbereitet, ein sogenanntes Arschleder, auf dem die Bergleute in die Schächte rutschten. Die Übergabe war etwas unorganisiert und im Protokoll, glaube ich, so auch gar nicht vorgesehen.

Auf der Bühne entstand eine kurze, verlegene Pause, also nahm ich das Mikro. Ich weiß bis heute nicht, wie mir das rausrutschen konnte: »Ja, meine sehr verehrten Damen und Herren, es gibt hier also noch ein kleines Geschenk für den Bundeskanzler. Die Opposition würde sagen, nie war der Name eines Geschenks passender als heute Abend: Es ist ein Arschleder.« Die gesamte erste Reihe, der Wahlkampfstab von Gerhard Schöder, sank in sich zusammen. Manchmal sind es nur Zehntelsekunden, die entscheiden ... Denn wie reagierte Gerhard Schröder? Er lachte, er lachte sogar schallend, griff seinerseits zum Mikrofon, um ebenfalls etwas zu diesem Leder zu sagen. Das war der Schritt zu einem etwas anderen Verhältnis zu Gerhard Schröder.

Ich will das nicht überbewerten. Wie man als Sportjournalist mitunter eine gute Beziehung zu Sportlern entwickelt, weil man im Job mit ihnen zu tun hat, ohne dass daraus gleich eine tiefe Freundschaft entsteht, so gilt das natürlich erst recht für den Job als Wahlkampfmoderator. Aber wenig später trat Gerhard Schröder auf mich zu und sagte (so ist das ja bei den Genossen, wie ich inzwischen gelernt hatte): »Du, Frank, ich bin der Gerd.« Nun hatte ich also schwer damit zu tun, den Kanzler der Bundesrepublik mit »Gerd« und nicht mehr mit »Herr Bundeskanzler« anzureden.

Aus zehn Wahlkampfveranstaltungen, für die ich vorgesehen war, wurden am Ende 21 oder 22 im Jahr 2002 und ungefähr die gleiche Anzahl 2005. Es war eine verrückte Zeit. Nach einer Kundgebung in Münster stürmte der gesamt Stab einmal ausgehungert in eine Pizzeria und brachte damit das BKA und LKA in Wallung, die für die Sicherheit verantwortlich waren. Neben meiner Moderatorentätigkeit bekam ich so ganz nebenbei Einblicke in das Leben, den Berufsalltag von Politikern im Allgemeinen und des Bundeskanzlers im Besonderen. Das ist alles andere als ein Zuckerschlecken. Gerhard Schröder, und da spielt Politik jetzt mal gar keine Rolle, als Menschen, als Bauch-Menschen mochte ich extrem, weil er, ja, wie soll ich das sagen, so hemdsärmelig rüberkam, ein großer Wahlkämpfer war, vielleicht der größte, den die deutsche Politik je gesehen hat, einfach ein großer Menschenfänger. Aber das sagte ich ja bereits.

Doch es war noch etwas mehr. 2005 traf ich ihn erneut auf einer denkwürdigen Wahlkampfveranstaltung. Die SPD lag meilenweit hinten. Es wirkte fast so, als hätte Schröder schon aufgegeben. Aber dann überkam ihn doch noch mal Angriffslust. Er hatte von steigenden Umfragewerten erfahren und man erlebte einen zunehmend kämpferischen Gerhard Schröder, der es mit seiner Partei am Ende fast noch gepackt hätte, aber eben nur fast ...

In dieser ganzen Zeit hatte ich nicht unbedingt das Gefühl, dass Gerhard Schröder den Menschen, der da mit ihm auf der Bühne rumturnte, wirklich registrierte. Aber dann gab es eine Begebenheit, die mich eines Besseren belehrte. Irgendwie mussten er und seine Frau Doris mitbekommen haben, dass ich zum ersten Mal Papa geworden war. Bei der nächsten Veranstaltung überreichten sie mir als Geschenk eine Spieluhr. Das nahm ich schon damals nicht für selbstverständlich. Aber als bei der offiziellen Verabschiedung von Gerhard Schröder, beim großen Zapfenstreich, auf den meine Frau und ich eingeladen waren, Doris Schröder auf uns zukam, uns namentlich begrüßte und nach der Spieluhr fragte, da merkte ich, dass eben doch ein bisschen mehr war in diesem Verhältnis. Das hat mich auf jeden Fall sehr gefreut, und ein klein wenig stolz war ich natürlich auch.

Der Job als Bundestagswahlkämpfer für die SPD hatte weitere denkwürdige Begegnungen zur Folge. Bei einem Treffen der Sozialdemokraten Europas, das ich ebenfalls moderieren sollte, war als Gastredner Michael Gorbatschow geladen. Der Ablauf war in etwa vorgegeben, also welche Anmoderation ich machen, welche drei, vier Fragen nach seiner Rede ich stellen sollte. Aber dennoch war eine kurze Vorbesprechung mit ihm, auf Englisch, anberaumt.

Da stand ich also mir nichts, dir nichts Mister Glasnost persönlich gegenüber. Er war relativ klein, aber alles andere als unscheinbar – er nahm eigentlich den ganzen Raum ein. Ich durfte mich zu ihm zu setzen – der Leibwächter blieb stehen –, und er fragte, wer ich sei und was ich so mache. Plötzlich wandte er sich seinem Leibwächter zu, er hätte Lust auf gekochte Kartoffeln. Und der Leibwächter verließ tatsächlich den Raum! Und Gorbatschow? Lachte sich kaputt! Es war, so erzählte er mir, ein Spielchen zwischen ihnen, er stelle dem Leibwächter gerne die merkwürdigsten Aufgaben. Klingt verrückt, aber so war es ...

Gegen Ende des Vorgespräches, das ca. 30 Minuten dauerte, fragte er, ob ich noch irgendwas wissen wolle. Da nahm ich all meinen Mut zusammen und bat ihn um seine persönliche Version des Mauerfalls. So durfte ich aus dem Mund eines des Protagonisten erfahren, wie man im Kreml gesessen hatte, in der festen Überzeugung, das Ganze einfach nicht mehr stoppen zu können.

Ja, verrückt, welche Dinge du erlebst, von denen du im Leben nicht zu träumen wagst – wenn du nur bereit bist, dich ins Abenteuer zu stürzen.

BASKETBALL EM 2005

EIN GANZ BESONDERES Erlebnis war auch die Basketball-Europameisterschaft 2005 in Serbien und Montenegro. Dirk Nowitzki war inzwischen in den USA zum NBA-Star gereift, die deutsche Nationalmannschaft gehörte nicht zuletzt wegen ihm zum erweiterten Favoritenkreis. Vor Nowitzki hatten alle einen Heidenrespekt, und um ihn herum gab es eine wirklich sehr gute Mannschaft mit Marko Pesic, Pascal Roller und anderen mehr. Mindestens das Viertelfinale traute man der Truppe zu.

Die Vorrundenspiele fanden statt in einem kleinen, verschlafenen Nest, so kann man das wohl sagen, in Vrsac. Gruppengegner waren Italien, Russland und die Ukraine. Der Modus war der gleiche wie schon bei den Europameisterschaften 2001 und 2003: Der Gruppensieger marschierte direkt ins Viertelfinale, die Plätze zwei und drei spielten ein Cross Elimination Game gegen die Mannschaften einer Überkreuz-Gruppe, der Gruppenletzte schied aus.

Auf der langen Anreise vom Flughafen in Richtung Vrsac wurde relativ schnell klar: Okay, hier ist nicht viel los. Aus

Platzmangel war ich nicht im Hotel der deutschen Mannschaft untergebracht, sondern in einem ganz neuen Haus auf einer Anhöhe oberhalb von Vrsac, wo auch die Granden des europäischen Basketball-Verbandes logierten. Das war aber ein Segen.

Denn das Hotel der deutschen Mannschaft war nicht gerade Basketball-gerecht: Die Betten deutlich zu kurz, die Zimmer insgesamt sehr eng; zeitweilig kursierte das Gerücht, Holger Geschwindner und Jörg Nowitzki seien in einer Besenkammer untergebracht. Die Stimmung war auf dem Nullpunkt, noch bevor das Turnier begonnen hatte. Und dann erst mal die Unterbringung der Journalisten-Kollegen! Einige logierten, die absolute Krönung, kein Witz, in einem Altenheim. Wo sie die Alten in dem Zeitraum hingeschafft hatten – zurück zu ihren Familien? –, das fanden wir nie raus. Aber vielleicht war es ja ein ehemaliges Altenheim. Einige Kollegen lagen in Räumen, die eher an Kranken- als an Hotelzimmer erinnerten, sie lagen dort auch nicht allein, sondern zusammen mit Kollegen aus anderen Ländern. Deutsche schnarchten mit Russen um die Wette.

Alles andere als strahlend war auch der Auftakt der deutschen Mannschaft. Erstes Gruppenspiel gegen Italien, erste Niederlage, 82:84. Und schon war der Druck da. Gegen die Ukraine, den krassen Außenseiter, machte die deutsche Mannschaft jedoch kurzen Prozess und gewann 84:58. Zum Kommentieren war es ein ruhiges Spiel, eins, wo man nicht nervös mit den Händen über die Jeans schubberte, keine Schweißausbrüche kriegte, nicht ins Mikrofon brüllte. Mit diesem Sieg war zumindest das Cross Elimination Game erreicht. Mit einem deutlichen Sieg im letzten Gruppenspiel gegen Russland hätte man sogar noch Erster werden und damit das Ticket direkt nach Belgrad ins Viertelfinale lösen können.

Zumindest aber war es wichtig, Zweiter in der Gruppe zu werden. Der Zweite der deutschen Gruppe gegen den Dritten der Überkreuz-Gruppe hatte »Heimrecht«. Als Dritter hätte man in die Spielstädte der Überkreuz-Gruppe reisen müssen. Das wäre ein kleiner Nachteil gewesen. Den wollte die deutsche Mannschaft unbedingt vermeiden. Das Spiel wurde ein Krimi, wieder entschieden von wem? Natürlich vom großen Blonden, von Dirk Nowitzki. 51:50 – es war das erste Mal in diesem Turnier 2005, dass ich in alte Verhaltensmuster zurückfiel und brüllte wie am Spieß.

Eine halbe Stunde nach Spielende rief mich mein damaliger direkter Vorgesetzter, Piet Krebs, an, ehemaliger Handballer von TUSEM Essen: »Du nimmst die Leute ja mit und fesselst sie. Aber manchmal ist es doch ein bisschen laut. Und denk mal dran, es ist erst Vorrunde. Was soll denn da noch kommen?« Das wollte ich erst nicht einsehen. Als ich dann abends beim Bierchen in der Kneipe saß und mit Roland Geggus und Peter Klingbiel, dem Präsidenten und dem Generalsekretär des Deutschen Basketball-Bundes, über diese Art des Kommentierens sprach, wurde mir klar: der Kollege Krebs hatte ja recht. Man muss nicht immer Vollgas geben. Manchmal gehen einfach die Gäule mit mir durch.

Gegner im Cross Elemination Game waren die Türken, immer eine starke Mannschaft, aber irgendwie haben die das Problem, wenn sie ein großes internationales Turnier spielen, das nicht auf heimischem Boden stattfindet, dann geht da wenig zusammen. Im Vergleich zu Spielen in Istanbul, Ankara oder Izmir ist die Mannschaft im Ausland einfach nicht wiederzuerkennen. Und so war es gottseidank auch im Spiel gegen die deutsche Basketball-Nationalmannschaft, die das Spiel 66:57 gewann. Nowitzki war erneut der alles überragende Mann. Aber er war extrem malträtiert worden von seinen Gegenspielern, sehr oft hart gefoult. Nachdem er trotzdem zwei, drei entscheidende Dinger reingeschossen hatte, lief er demonstrativ an der türkischen Bank vorbei – mit herausgestreckter Zunge. Wieder brüllte ich ins Mikro: »Da ist er, der Lappen, die Zunge! Und das ist gut so! Wenn die da ist, dann läuft's!« Die Leute zu Hause an den Bildschirmen mussten denken, der Typ am Mikrofon dreht durch. Aber wie gesagt, die deutsche Mannschaft schlug ja auch die Türkei.

Die Türken waren schon während des Spiels relativ unruhig. In der Halbzeitpause soll es dann in ihrer Kabine sogar zu Handgreiflichkeiten zwischen den Spielern gekommen sein. War der deutschen Mannschaft völlig egal. Sie gewann! Und das Kapitel Vrsac, kleines Hotel mit wenig Komfort, hatte sich erledigt. Es ging mit dem Bus in Richtung Belgrad, Richtung Viertelfinale.

Mittlerweile hatten viele internationale Journalisten die deutsche Mannschaft auf dem Zettel. Der erste Gegner in Belgrad hieß Slowenien, ein kleines Land mit großer Basketballtradition und noch größerer Begeisterung. Das könnte schwierig werden, fürchteten wir alle. Die Halle in Belgrad, ein Palast, der gut 18000 Zuschauer fasste, war jedenfalls komplett in slowenischer Hand, alles Grün-Weiß. Das war sehr imposant, doch Deutschland bestach mit einer lupenreinen Teamleistung. Pascal Roller machte ein überragendes Spiel. Überhaupt brillierten die Aufbauspieler. Und es war die vielleicht beste Defensivleistung der deutschen Mannschaft bei dieser Europameisterschaft. Am Ende hieß es 76:62, ein in der Schlussphase relativ souveräner Erfolg, enorm wichtig für das Selbstvertrauen. Ging da jetzt richtig was, konnte man vielleicht auch die Spanier schlagen, den Gegner im Halbfinale?

Ja, es ging! Dieses Spiel erreichte durchaus das Niveau des Halbfinales 2001 in der Türkei. Da hatte es den schlechten Ausgang gegeben. Das sollte diesmal anders werden. Zwölf Sekunden vor dem Ende führten die Spanier mit 73:72, aber die deutsche Mannschaft hatte den Ball. Die Uhr tickte runter. Da landete der Ball bei Nowitzki – und ich flippte aus: »Der Ball ist bei Nowitzki. Da muss er hin!« Ich wusste, er schießt ihn rein. Ich wusste es! Ihm gegenüber stand Jorge Garbajosa, ein fantastischer Basketballer, einer der besten bei den Spaniern. Dirk Nowitzki auf dem linken Flügel, er geht aus dem Dribbling hoch, profitierte von seinen 2,13 Metern, von seiner enormen Spannweite, Nowitzki schießt über Garbajosa hinweg. Und ich schreie: »Er ist drin, er ist drin! Und jetzt verteidigen, verteidigen!« Denn es waren ja noch 3, 4 Sekunden bis zum Ende. Die Uhr habe ich jetzt noch im Blick.

3, 4 Sekunden vor Ende fiel das Ding rein, und ich brüllte: »Jetzt verteidigen, jetzt verteidigen, verteidigen, verteidigen!« Jegliche Distanz des Kommentators war verschwunden ...

Warum darf eigentlich ein deutscher Sportreporter mit einer deutschen Nationalmannschaft nicht mitfiebern, solange er auch die Leistung des Gegners würdigt?

Als die Spanier das letzte Ding verschossen, die Deutschen das Spiel gewonnen hatten, war es endgültig aus mit meiner Contenance: »Das ist, verzeihen Sie mir, meine Damen und Herren, eine geile Mannschaft!« Ja, dieses Spiel und dieser Sieg waren ein Highlight in meiner Sportreporter-Karriere. Danach konnte es nicht besser werden, zumindest nicht in diesem Turnier.

Im Finale warteten die Griechen, die das Halbfinale gegen Frankreich nach deutlichem Rückstand mit ganz viel Massel durch einen Wahnsinns-Dreier noch gewonnen hatten und dadurch ebenso aufgeputscht waren. Sie fanden genau die richtigen Mittel gegen die deutsche Mannschaft und wurden mit 78:62 verdient Europameister.

Manche Leute sagen, die Griechen hätten Dirk Nowitzki in diesem Endspiel regelrecht verprügelt, vermöbelt, wie auch immer sie das ausdrücken. Ja, die Griechen spielten sehr hart. Das ist aber der Basketball, den sie seit Jahrzehnten praktizieren. Sie hatten einfach einen sehr guten Tag und zogen den Deutschen und speziell Nowitzki sehr gekonnt den Zahn.

Der bewegendste Moment in diesem Spiel kam zwei Minuten vor Ende. Ich hatte Griechenland vom Kommentatorenplatz aus bereits zum Europameister erklärt, als Dirk Bauermann Nowitzki auswechselte. Nahezu alle 18 000 Zuschauer in der Halle in Belgrad, ob Griechen, ob Deutsche, ob Serben, erhoben sich von ihren Plätzen, um dem überragenden Mann dieses Turniers zu applaudieren. Der serbische Hallensprecher aber, als Nowitzki vom Feld schlich, sagte nur zwei Worte, und zwar auf Deutsch: »Danke, Dirk!«

Ich kriege heute noch Hühnerpelle.

BEGEGNUNGEN

IM LAUFE DER JAHRE, die ich als TV-Journalist unterwegs bin – es sind mittlerweile gut 20 –, habe ich mit sehr vielen Menschen zusammengearbeitet, darunter etliche Stars und Prominente. Das bringt dieser Beruf so mit sich. Eines möchte ich aber klarstellen, weil das öfter unterstellt wird: Ich bin nicht der dickste Kumpel von Dirk Nowitzki. Echte Freundschaften sind in diesem Geschäft genau so selten wie anderswo auch. Nowitzki hat seinen Lebensmittelpunkt in den USA, ist NBA-Profi, ich lebe hier in Deutschland und habe einen Job, der mich pausenlos unterwegs sein lässt. Wahrscheinlich ist, dass er meine Arbeit und vielleicht meine Art, mit ihm umzugehen, schätzt. Aber mit dicker Freundschaft ist das überhaupt nicht zu verwechseln.

Die vielen interessanten Begegnungen, die man als Sportjournalist hat, sind das eine. Eine Portion Unbekümmertheit, um sich nicht selbst im Weg zu stehen, kann dabei auch nicht schaden. An Unbekümmertheit (man mag es auch Dreistigkeit nennen) mangelt es mir wahrlich nicht (dessen bin ich mir durchaus bewusst.) So gelingt es mir ab und an, ein bisschen dichter an die Menschen ranzukommen, einen etwas anderen Blickwinkel zu erhalten.

Manchmal kreuzen sich die Wege rein zufällig. Im Urlaub in einer Club-Anlage in Griechenland fiel mir zum Beispiel ein junger Mann am Pool auf, weil er dort die ganze Zeit sitzenderweise mit einem Ball jonglierte. Wow, dachte ich, der hat ja Sachen drauf! Ist das ein Entertainer hier vom Club? Ich ging zu ihm hin und begann ein Gespräch. Bei dem jungen Mann, ich hatte ihn in dieser Umgebung gar nicht gleich erkannt, handelte es sich um Marcell Jansen, den Fußballprofi, der gerade von Borussia Mönchengladbach zum FC Bayern gewechselt war. Wir plauderten über seine Perspektiven in München und sonst noch dies und das. Ich glaube, letztendlich war er dankbar, dass er hier, im Urlaub, jemanden gefunden hatte, mit dem er über diese sportliche Herausforderung reden konnte. Er beschäftigte sich außerdem sehr süß mit meiner kleinen Tochter. Das fand ich klasse. Der Typ war mir sympathisch, ich lud ihn kurzerhand ein, wenn es mal ein bissel schwierig für ihn sein würde, so ganz neu in München, mit seiner Freundin zu uns in den Garten zu kommen, zum Grillen oder Kaffee trinken. Wenn ich Marcell Jansen heute treffe, ist es immer wieder schön, ein paar freundschaftliche Worte mit ihm zu wechseln.

Häufig ist ja die Beziehung zwischen Sportlern und Journalisten eine nicht ganz einfache, von einer gewissen Grundabneigung geprägte. Was erzählen die Journalisten bloß wieder für einen Mist! Das ist ja eine durchaus gängige, mitunter durchaus nachvollziehbare Sichtweise von Leistungssportlern auf unsere Zunft.

Ende der 90er-, Anfang der 2000er-Jahre begleiteten mich Hasan Salihamidzic und Stefan Kretzschmar bei NBA Finals als Co-Kommentatoren. Salihamidzic hatte ich vorher nie getroffen. Ich kannte ihn eigentlich nur vom Bildschirm. Aber die Chemie stimmte auf Anhieb, die Zusammenarbeit funktionierte. Bis heute lade ich Salihamidzic, dem der Schalk im Nacken sitzt, gerne als Gast zu meinen Produktionen ein. Stefan Kretschmar wiederum ist, sagen wir mal, ein eher kerniger Typ. Das war er als Aktiver wie auch danach in seiner Rolle als Experte im Fernsehen. Während der NBA Finals ist mir etwas klarer geworden, wie der Mann so tickt. Wenn aber Kretzschmar nicht der Co-Kommentator bei dieser Produktion gewesen wäre, dann hätte ich später von ihm dieses Interview nicht bekommen, bei dem er sich auf die Couch legte, seine Tattoos zeigte und auch über Privates sprach. Geht nur, wenn ein gewisses Vertrauensverhältnis da ist. Man darf es aber nicht ausreizen. Ist manchmal nicht ganz einfach, das der Familie und den Freunden zu vermitteln. Es heißt ja schnell, kannst du nicht mal ein Autogramm besorgen, du hast doch so einen guten Draht. Ich fand das immer blöd. 2011 wollte meine Tochter ein Trikot von Dirk Nowitzki mit seiner Unterschrift. Ich sagte, okay, ich nehme dich mit ins Quartier der Nationalmannschaft, aber die Trophäe musst du dir selbst holen. Hat sie übrigens getan. War spektakulär, wie der kleine Knopp da vor den 2,13 Metern stand. Hat sie aber souverän gelöst …

Oder die Geschichte mit Bastian Schweinsteiger. Der hatte registriert, dass ich einer der Figuren war, die immer rund um die Bayern-Spiele rumliefen und irgendwas mit Liga Total zu tun hatten. Ob er mich allerdings als Fußballreporter wahrnahm – keine Ahnung! Als Moderator oder als sogenannter Field-Reporter habe ich ihn nie interviewt. Dass Schweinsteiger ein großer Basketball-Fan ist, weiß ja inzwischen die ganze Republik. Eines Tages am Münchener Flughafen, als ich wie immer im Stechschritt geradeaus in Richtung Parkplatz marschierte, rief jemand: »Buschi, Buschi!« Ich dachte, wer ist das denn, ich will nach Hause. Es war Schweinsteiger, der mich um ein gemeinsames Foto bat. Lief das normalerweise nicht umgekehrt? Egal, wir machten dieses Foto und er schickte es seinem Kollegen Thomas Müller. Die beiden hatten einen NBA-Kommentar von mir bei Spox gesehen und sich offensichtlich sehr amüsiert, wie ich da abgegangen bin. Ich sagte, pass mal auf, dafür, dass du dieses Foto von mir bekommst, musst du mit mir aber auch mal Basketballbundesliga kommentieren. Warum sollte er nicht?

Die Idee war geboren. Ich will jetzt nicht die ganzen Umstände beschreiben, warum sich das in der Praxis etwas schwierig gestaltete. Es gibt so viele Menschen, die mitreden wollen, die einfach auch mal etwas verhindern, nur um sich wichtig zu fühlen. Am Ende haben wir es aber hinbekommen. Mit Bastian Schweinsteiger als Co-Kommentator übertrugen wir an einem Sonntagmittag ein Spiel der Bayern-Basketballer live. Leider hatten wir das im Vorfeld nicht ankündigen können, niemand wusste also vorher davon. Sonst hätten sicherlich noch mehr Zuschauer zugeschaltet. So waren es knapp eine halbe Million; für deutschen Basketball ist das sehr ordentlich.

Vielleicht noch eine kleine Randnotiz zu dieser Geschichte. Während der Übertragung hatte Lukas Podolski zwei, drei SMS geschickt, unter anderem ein Foto von mir beim 1. FC Köln. Wir bauten das Bild kurzerhand in die Sendung ein. Ich war schon immer der Überzeugung, dass man versuchen müsse, über die 150 000 Hardcore-Fans hinaus mehr Leute an diese Sportart zu binden. Im Zweifelsfall über Entertainment. Die normal Sport-Interessierten fanden das offensichtlich auch ganz gut, was wir da machten. Aber die Kritik der Hardcore-Basketball-Fans war heftig: Zu viel Klamauk! Zu viel Unsinn! Was soll der Quatsch! Gut möglich, das wir uns etwas zu sehr von der Spielkommentierung entfernt hatten ... (Aber unterhaltsam war es!)

Eine Frage, die ich mir immer wieder gefallen lassen muss und die ich mir auch selbst stelle: Wenn du dich so gut verstehst mit den Sportlern, wie kannst du dann noch die für einen Journalisten nötige kritische Distanz aufbringen? Meine Meinung ist: Als Kommentator ist es nicht zwingend meine Aufgabe, investigativen Journalismus zu betreiben. Dafür gibt es Zeitungen und Magazine. Als Live-Kommentator muss ich, auch im Umgang mit Leuten, die ich schon lange und gut kenne, sagen dürfen, wenn sie einen Fehler gemacht, sich schlecht benommen haben. Alle, die ein bisschen über den Tellerrand hinaus denken, werden dafür auch

Verständnis haben. Dass man die Leute auch mal nervt, mit denen man sich eigentlich gut versteht, gerade wenn man emotional kommentiert, ist doch völlig normal.

Ich möchte noch von der Begegnung mit zwei Trainerlegenden berichten. Bei der Fußball-Europameisterschaft 2004 in Portugal hatten wir ein wunderschönes Studio direkt am Rio Tejo, ein altes Zoll-Gebäude. Von da sendeten wir dreieinhalb Wochen rund um die EM. Blöd natürlich, dass sich die deutsche Mannschaft schon nach der Vorrunde verabschiedete. (Ich kriege heute noch Pickel, wenn ich bloß dran denke: in einer Gruppe mit Lettland, den Niederlanden – gegen die gab es ja immerhin ein 1:1 – und Tschechien; eine Niederlage gegen eine tschechische B-Auswahl ...) Die deutsche Mannschaft flog nach Hause, wir aber blieben. Das war nicht gerade einfach: jeden Tag ein zweistündiger EM-Talk – ohne den Anreiz des eigenen Teams! Zum Glück waren wir nicht ganz alleine, sondern hatten zwei Experten dabei.

Hans Meyer, bekannt für seine unnachahmlichen Sprüche, ist für einen Moderator nicht immer der einfachste Gesprächspartner. Er hat einen ganz speziellen Humor und nimmt wahrlich kein Blatt vor den Mund, wie ich am eigenen Leibe erfahren sollte. Zur Beginn einer Doppelpass-Gesprächsrunde fragte ich Meyer nach seinem Befinden, wie er so drauf sei, ob er sich fit fühle für die nächsten zwei Stunden. Er antwortete, live vor der Kamera: »Naja, wenn dein Laden hier mal in der Lage wäre, mir ein vernünftiges Hotel zu besorgen, wo ich dann nachts auch schlafen kann, dann ginge es mir sicherlich noch besser.« Alle schmissen sich hin vor Lachen, 1:0 für Meyer. Man musste wirklich jederzeit mit einer Breitseite von ihm rechnen. Das war für mich persönlich kein Problem. Den Triumph ließ ich ihm gerne. Ich fühlte mich jedenfalls nicht brüskiert, sondern genoss im Grunde diese Runden. Aber mir war auch sofort klar: bei den Verantwortlichen des DSF dürfte das nicht ganz so gut angekommen sein ...

Unser zweiter Experte in Lissabon 2004 war Udo Lattek. Ein Mensch, den ich nicht nur als extrem kompetent und professionell kennen- und schätzen gelernt habe. Ich weiß, es gibt viele, die sagen, ach, geh mir weg mit diesem Lattek! Als es mir in den vier Wochen in Lissabon, jeden Tag Übertragung, einmal nicht so gut ging, nahm er mich zur Seite und sagte, komm Buschi, pass mal auf, nimm dir das nicht so zu Herzen (ja, man hat in knapp vier Wochen auch mal schlechte Momente). Udo hat das Herz am rechten Fleck und ist ein fantastischer Experte und Kollege!

AM ENDE KACKT DIE ENTE

IM FOLGENDEN EIN paar Dönekes aus dem Off. Zum Beispiel, was es mit dem Spruch »Am Ende kackt die Ente« auf sich hat. Das erklärt sich nämlich so: Es war während der NBA-Finalserie 1996, die mein geschätzter Kollege Michael Körner und ich begleiten durften, Seattle gegen Chicago. Als es in einem Spiel am Ende mal sehr eng war, zitierte Körner eine häufig gebrauchte amerikanische Redewendung: »It ain't over until the fat lady sings.« Frei übersetzt: Ehe der letzte Vorhang nicht gefallen ist, ist noch keine Entscheidung gefallen. Das ist natürlich viel zu kompliziert. Wie aber lässt sich so was gescheit, also sinngemäß ins Deutsche übertragen? Zehn Minuten später rutschte mir Folgendes raus: »Weißte was, Mike? Man sollte nie vergessen, am Ende kackt die Ente.« Der Spruch war geboren. Mag sein, dass diese Worte irgendwo schon mal gefallen waren. Aber bewusst wäre mir das nicht gewesen.

Die meisten dieser Sprüche kommen aus dem Bauch heraus. Zum Beispiel auch dieser: 2007, Basketball-Europameisterschaft in Spanien, Vorrunde, Deutschland gegen Litauen, die deutschen Mannschaft liegt aussichtslos zurück, kommt dann aber nochmal ran. Das war auf Mallorca. Ich mit Inbrunst dabei. Und als sich das Spiel zu drehen schien, das ich schon klar verloren geglaubt hatte – aber was ist im Basketball schon klar verloren? –, da sagte ich: »Wenn die jetzt doch noch gewinnen, dann werde ich Zierfischzüchter vor Mallorca.«

Deutschland verlor knapp. Soll ich sagen, Gott sei Dank? Denn die Leute hätten darauf bestanden, dass ich meine Wette einlöse! Vielleicht, um mich am Mikrofon endlich los zu sein, ganz sicher aber, weil man ja zu seinem Wort stehen muss.

Noch ein Beispiel: Wollte ich Mithat Demirel, den deutschen Basketballnationalspieler, beleidigen, als ich während eines Spiels, wo er mit seinen 1,80 Meter unter all den Riesen wirkte wie ein Gartenzwerg, sagte: »Au, der ist doch einen Kopf kleiner als ein Spiegelei.« Nein, weder wollte ich Mithat Demirel in die Pfanne hauen, noch hatte ich die bewusste Absicht, einen guten Spruch zu machen, sondern es verhält sich sogar umgekehrt: Eigentlich war es eher ein Ausdruck der Bewunderung dafür, dass man mit dieser Körpergröße so fantastische Dinge auch am Korb, per Korbleger, abliefern kann.

Mir liegt es fern, mit Sprüchen glänzen zu wollen. Jeder einzelne ist der jeweiligen Situation geschuldet und vollkommen spontan. Wenn sich wieder mal ein Spiel dreht, kann ich schlechterdings nicht jedes Mal sagen: »Am Ende kackt die Ente.« Ein bisschen Variation tut schon Not. »Hinten sind die Schweine fett«, fiel mir eines Tages ein.

Wer sehr cool ist, ist kaltschnäuzig, bzw. in meiner Sprache »kalt wie eine Hundeschnauze«. Sollte er noch cooler sein, ist auch Folgendes vorstellbar: Im Gespräch mit Kurt Jara, damals Trainer beim HSV, fragte ich ihn, ob er wirklich so cool sei, er wirke ja, als ob er Eiswürfel uriniere. Am nächsten Tag rief mich eine Hamburger Boulevard-Zeitung an, ich wüsste ja sicherlich, worum es gehe. Nein, keine Ahnung. Das mit Jara hatte ich schon wieder vergessen. Die Kollegen meinten, ich würde mir ja hin und wieder solche Ausraster leisten, das sei wohl so meine Art, sie fänden das aber trotzdem klasse. Ich dachte damals naiverweise – das ist zehn, zwölf Jahre her: Prima, eine größere Zeitung will eine Geschichte mit dir machen. Nur zu! Also gab ich bereitwillig Auskunft: Ja, das sei in der Tat meine Art zu kommentieren. Bei der Basketball-Europameisterschaft in der Türkei hatte ich zum Beispiel mal kritisch in Richtung unserer Regie fallen lassen, wir müssten aus dem Arsch kommen (wobei ich in dem Moment gedacht hatte, wir wären noch nicht wieder auf Sendung ...). Aus diesen Geschichten machte die Hamburger Boulevard-Zeitung dann folgende Schlagzeile: »TV-Star liebt die Fäkalsprache. Porschefahrer Buschmann beleidigt Kurt Jara und hat häufiger Ausraster« – ein Schwachsinn, wie ich ihn selten gelesen habe. Und jetzt wirklich nicht, weil ich uneinsichtig bin. Man kann darüber diskutieren, ob man so einen Gag, so einen Spruch im Interview mit einem Fußballbundesliga-Trainer bringen muss. Aber was haben die mich da schön von hinten – also, man wird wissen, was ich meine. Das war wirklich unfassbar!

Aber machen wir doch gleich mal weiter mit der »Wir müssen mal aus dem Arsch kommen«-Geschichte. Das war wie gesagt bei der Basketball-Europameisterschaft 2001. Deutschland hatte das Viertelfinale gegen die favorisierten Franzosen gewonnen. Ich war völlig aufgedreht und sprintete während der Werbepause von meinem Kommentatorenplatz zur Moderations-Position. Im Nachgang des Spiels sollte ein Live-Interview mit Dirk Nowitzki stattfinden, der auch schon bereitstand. Im Studio in München war die Kollegin Daniela Fuß zugeschaltet, die die folgenden Sportnachrichten moderierte. Dreimal wurde mir gesagt, du bist drauf. Und dreimal signalisierte mir Dirk Nowitzki seine Bereitschaft (der übrigens gerne in die Kabine wollte, um nach dem Sieg und dem damit verbundenen Halbfinaleinzug mit der Mannschaft zu feiern). Und dreimal, nachdem ich gesagt hatte: »Zurück im Abdi Ipekci-Sportpalast in Istanbul, an meiner Seite Dirk Nowitzki«, grätschte unsere Aufnahmeleiterin dazwischen: »Ne ne, noch nicht, noch nicht, wir sind noch nicht drauf.« Dirk, ein geduldiger Kerl, wurde verständlicherweise immer unruhiger. Die Kollegin, die zwischen mir und der Kamera stand, sprang wieder davon, ich guckte also genau in die Linse, als ich brüllte: »Wir müssen jetzt mal aus dem Arsch kommen!« Im selben Moment gab's das Zeichen, dass ich drauf war. Mein Ausraster ging schön über den Äther ...

Das ist mittlerweile dreizehn Jahre her, läuft aber noch immer in diversen Rückblicken auf die größten TV-Pannen. Noch in 20 Jahren werde ich vertreten sein mit »Wir müssen mal aus dem Arsch kommen«. Nun, ich für meinen Teil kann da wirklich herzlich drüber lachen.

2002 während der Fußball-Weltmeisterschaft, als ich den WM-Doppelpass moderierte, begrüßte ich Karlheinz Riedle mit: »Und wir freuen uns ganz besonders, ihn hier bei uns zu haben, herzlich willkommen, Karlheinz Rummenigge.« Alle brachen zusammen vor Lachen. Ach du meine Güte! Riedle nahm das scheinbar gelassen, hatte sogar noch einen lockeren Spruch auf den Lippen. Trotzdem ist es natürlich für einen Gast, für einen Stargast, nicht besonders schön, wenn er falsch vorgestellt wird. Man darf mir glauben: auch damals schon konnte ich Karlheinz Riedle von Karlheinz Rummenigge unterscheiden. Aber das sind so Dinge, die passieren einfach. Die kommen vor.

Ich habe auch mal einen Aussetzer erlebt, in einem Interview mit Michael Frontzeck. Ich wusste ganz genau, was ich ihn fragen wollte. Heute habe ich es vergessen. Und das Problem ist: auch damals, als wir on air waren, hatte ich es schon vergessen. Frontzeck steht mit gegenüber, ich gucke ihn an, er guckt mich an, und ich sage: »Ja, Michael Frontzeck.« Das war alles. Ich hatte buchstäblich keine Ahnung mehr, was ich ihn fragen, was ich sagen wollte. Er war damals Trainer bei Borussia Mönchengladbach. Ich gucke ihn an, er guckt mich an, und ich sage: »Michael, die Frage ist weg, ich weiß nicht mehr, was ich fragen wollte.« Frontzeck reagierte sensationell. Er klopfte mir auf die Schulter und sagte schlicht: »Mensch, kann ja mal passieren, nochmal von vorne.« Danach kriegte ich dieses Interview irgendwie hin. Aber bis heute weiß ich nicht, was ich ihn als Erstes hatte fragen wollen, bestimmt hatte ich mir irgendwas Schlaues ausgedacht. Es war aber weg, alles ratzeputze leergeblasen. Und dann stehst du da. Du weißt, die Kamera läuft. Und es wirkt wie Stunden, bis du dich wieder gesammelt hast. Klar, im Nachhinein kann man fürchterlich drüber lachen. Die Leute am Bildschirm zu Hause lachten damals auch (wenn sie nicht dachten, Mann, was ist das denn für 'ne Pfeife).

Ich weiß auch noch, wie ich in der zweiten Fußballbundesliga beim FC St. Pauli während einer Moderation einen Bierbecher an den Kopf bekam und pitschnass wurde. Unsere Moderationsposition war dusseligerweise ganz nah bei den Hardcorefans von St. Pauli eingerichtet. Das Erstaunliche: Ich blieb ganz ruhig! Erwähnte die Szene nur kurz in einem Nebensatz und moderierte einfach weiter.

Wir können schließlich noch die Klamottenfrage diskutieren. Die gehört irgendwie auch zu den Kuriositäten in meiner Laufbahn. Was trug ich nicht für Sweatshirts, ach du meine Güte! Aber gut, das war einfach ein bisschen die Zeit Anfang der 90er-Jahre. Dazu meine Frisur, als ich noch Haare hatte: Minipli-Löckchen! (Alles Natur!) Damit trat ich im Fernsehen als Moderator und als Kommentator auf ... Heutzutage undenkbar, zumindest als Moderator. Aber es gibt Leute, die sich auch mokieren, wenn ich als Kommentator Pullover oder Strickjacke trage. Ist halt schön bequem! Und für mich kommt es in erster Linie auf die Kompetenz an und nicht auf die Modenschau ...

Ob ich mir Sprüche notiere? Nein, eher nicht. Als ich bei

»Schlag den Raab« über Hans Martin sagte: »Jetzt spricht der mit sich, Hans spricht mit Martin«, wie hätte ich das denn vorher aufschreiben, woher hätte ich denn wissen sollen, dass der Kerl sich in der Sendung so benehmen würde wie er es tat? Nein, das kommt alles aus dem Bauch. Manchmal ist das sicherlich drüber, wenn ich zum Beispiel richtig begeistert und kaum noch einzufangen bin. Ich habe am Mikrofon schon geweint bei Basketballspielen, ich bin schon völlig ausgeflippt bei Tennis-Matches, ich fiebere extrem mit bei Fußballspielen. Vielleicht ist es für einen Journalisten manchmal zu viel der Emotionen. Aber ich habe das dumme Gefühl, aus der Haut komme ich nicht mehr raus.

Wichtig ist, dass man Leute hat, die einem sagen, wann es drüber ist, die einen ab und an zurechtstutzen. Die Wende vom, wie manche Feuilletonisten schrieben, unerträglichen Schreihals im Jahr 2001 zum gefeierten Sportjournalisten vier Jahre später – »so muss Live-Berichterstattung sein« (als Deutschland Vize-Europameister im Basketball wurde) –, die werde ich nie verstehen. Das heißt, verstehen tue ich sie schon. Hat etwas mit Zeitgeist zu tun. Ich meine, ich war immer so. Aber die Leute, die darüber schreiben, haben sich bzw. ihre Meinung geändert. Aber auch daran gewöhnt man sich. Ich bin mal gespannt, wann mir der nächste Klops rausrutscht.

LIGA TOTAL

DER TRAUM EINES jeden Sportkommentators: einmal Fußball-Bundesliga kommentieren! Und wenn es dann noch ein Derby wäre (Borussia Dortmund gegen Schalke, gewissermaßen die Mutter aller Derbys, oder Bayern gegen Dortmund, kein Derby, aber *das* Duell der letzten Jahre) – der Gipfel des Glücks ...

Freilich, auch die kleineren Spiele haben ihren Reiz. Denn der Ablauf von Bundesliga-TV-Produktionen ist hochprofessionell, die Stadien sind bei fast jedem Spiel rappelvoll, die Stimmung ist entsprechend gut. Das ist wichtig, gerade für uns Reporter, die wir davon leben, dass die Atmosphäre stimmt. Fußball-Bundesliga macht einfach Spaß.

Mein Sender, das DSF, hatte für einige Jahre die Senderechte an der Bundesliga am Sonntag. Ich war der Studiomoderator. Das ist mit einem Live-Kommentar freilich nicht vergleichbar. Als Moderator musst du dich nicht nur akribisch auf mehrere Spiele vorbereiten, sondern dich vor allem mit den Sendeleitern absprechen, Anmoderationen von Spielzusammenfassungen vorbereiten, Überleitungen in die Werbung absprechen, Interviews ausarbeiten, immer den straffen Sendezeitplan im Auge behalten, stets flexibel auf Aktuelles reagieren können. Das hat mit der Arbeit im Stadion nichts zu tun. War trotzdem schon mal ein erster Schritt. In der Saison 2006–2007 ergab sich überraschend die Möglichkeit, zusätzlich bei Arena einzusteigen. Arena war die Sternschnuppe am TV-Übertragungshimmel, ein Pay-TV-Sender, der damals Premiere ablöste, was die Rechte an der Fußball-Bundesliga, an der Live-Berichterstattung betrifft. Sternschnuppe insofern, als der Sender exakt ein Jahr existierte. Dann entschieden sich die Betreiber, die Rechte wieder abzustoßen. Sie gingen zurück an Premiere (heute Sky).

In diesem Jahr war ich also erstmals als Bundesliga-Kommentator im Einsatz, sowohl bei Livespielen als auch in den berühmt-berüchtigten Konferenzen. Man kennt Letztere ja in erster Linie von Sky, aber es gab einen entscheidenden Unterschied: Bei Arena wurde auch für die Konferenz live aus den Stadien berichtet. Das war absolut ungewöhnlich und hat es in dieser Form danach auch nie wieder gegeben. Normalerweise, darauf werde ich weiter unten zurückkommen, wird die Konferenz in einem Sendezentrum produziert und auch kommentiert.

Bei Arena »tasteten« wir uns also aus den Stadien in die Sendung ein, um »Tor auf Schalke« zu brüllen. Dass sich das nicht durchsetzte, verwundert nicht. Zum einen war dieses Vorgehen finanziell deutlich aufwändiger (allein schon wegen der anfallenden Reisekosten), zum anderen technisch eine ungleich größere Herausforderung. Denn in dem Moment, in dem man sich eintastete, hatte man die spezifische Stadion-Atmosphäre drauf, und die war überall anders. Das machte ein ganz schönes Ton-hin-und-her notwendig.

Für alle Kollegen, die bei Arena arbeiteten, war es dennoch ein derber Schlag, als es nach nur einem Jahr wieder vorbei war. Auch ich dachte für mich, okay, das war's, Fußball-Bundesliga ade, es soll nicht sein.

Aber 2009 erhielt ich ein neues Angebot, diesmal von Liga Total, dem Internet-Fernsehen der Deutschen Telekom. Ich sah keinen Grund, nicht zuzuschlagen. Am Ende wurden es vier tolle Jahre, weil wir, und das sage ich jetzt nicht, um den Leuten Honig um den Bart zu schmieren, eine herausragende Crew hatten. Als Moderatoren agierten unter anderem Johannes B. Kerner, Olli Welke – ich liebe seine Heute-Show! – und Matthias Opdenhövel. Und als Kommentatoren hatten wir zum Beispiel Wolf-Christoph Fuss und Hansi Küpper. Das waren nicht nur große Namen, sondern die Truppe passte einfach auch menschlich unglaublich gut zusammen.

Anfangs wusste keiner so recht, was das bedeutete: IPTV – Internet Protocol Television. Schnell stellten wir jedoch fest, dass es im Grunde nichts anderes war als das übliche Pay-TV, nur dass die Fernsehbilder eben aus dem Internet-Anschluss ins Wohnzimmer kamen. Der Erwerb der Senderechte über diesen Kanal war für die Deutsche Telekom relativ günstig gewesen, weil sich zu dem Zeitpunkt eigentlich niemand so richtig vorstellen konnte, dass es keinen Unterschied macht, ob das Programm über Pay-TV oder übers Internet empfangen wird.

Ein Traum wurde wahr: Ich durfte tatsächlich Dortmund gegen Schalke live kommentieren! Wenn du das Dortmunder Stadion betrittst und du prallst auf die schwarz-gelbe Wand mit ihren 25000 Fans, die bereits eine halbe Stunde vor Spielbeginn einen riesen Rabatz machen – da kriegst du so was von Gänsehaut! So ein Spiel zu kommentieren, das ist die Krönung. Du thronst auf deinem Platz im Stadion, neben dir ein sogenannter Spotter, der dich via Laptop mit allen relevanten Daten versorgt. Du musst aber eher aufpassen, es nicht zu übertreiben, nicht alles zu erzählen, was du weißt. Am Ende ist es ja immer noch entscheidend, dass der Kommentator das Spiel vernünftig begleitet, nicht, dass er mit seinem gesammelten Wissen glänzt. Man sollte schon ein paar Storys parat haben, und wenn die Situation es zulässt, kann man sie auch bringen. Sonst aber beschränkt man sich besser und lässt sie weg. Weniger ist mehr. Dortmund gegen Schalke: du lächelst den Spotter neben dir an und tauchst einfach ein. Einmal nahm ich tatsächlich den Kopfhörer ab, um die fantastische Atmosphäre im Stadion auf mich einwirken zu lassen. Ein unglaubliches Erlebnis. (Musste nur aufpassen, keine entscheidende Szene auf dem Rasen zu verpassen, um rechtzeitig loszubrüllen – bzw. zu kommentieren ...)

Es gab natürlich auch andere, mehr stressige Situationen. Zum Beispiel, wenn ein Flieger mal Verspätung hatte oder Glatteis auf der Autobahn herrschte und der Kommentator zu spät zu kommen drohte. Aber das Tolle bei Liga Total war: Was auch passierte, nie brach Panik aus. Dazu waren die Kollegen einfach zu routiniert, war die Crew zu gut. Stets hatte man das Gefühl, es kann eigentlich nichts schiefgehen. Aus dieser Sicherheit heraus arbeiten zu können, macht einen stark. Das war auch so, als ich einmal auf einen Kamera-Kran kletterte, um auszuprobieren, ob sich von dort oben moderieren ließ. Plötzlich funktionierte das Ding nicht mehr und Buschi hing auf dem Kamera-Kran und kam nicht mehr runter. Derweil rückte die Livesendung bedrohlich näher. Da brauchten alle Nerven wie Drahtseile. Es ist aber alles gutgegangen. Irgendwann ließ sich der Kran wieder manövrieren und ich kam rechtzeitig auf Sendung. Das mal so als Anekdötchen am Rande.

Ich kann sagen, dass ich die Arbeit vor Ort immer sehr geliebt habe. Ich erlebte dramatische, aufregende, tolle Fußballspiele. Im Laufe einer Saison trifft man immer wieder auf die gleichen Trainer und Spieler, und im besten Fall baut sich zu ihnen ein mehr oder weniger enges Vertrauensverhältnis auf. Für den Reporter ist das mitunter auch ein sehr nützlicher Effekt. Aber Jürgen Klopp, Armin Veh, Holger Stanislawski sind Typen, auf die ich mich immer ohne jeden Hintergedanken freute. Mit Holger Stanislawski in einem Hinterzimmer im Kölner Rheinenergie-Stadion bei einem Kaffee und einer Zigarette über Gott und die Welt zu plaudern, war einfach nur nett und entspannend.

In der Bundesliga sind sehr viele Leute unterwegs, die ihren Job über alles lieben und die es auch wertschätzen, so einen tollen Job zu haben. Die Bundesliga ist das Nonplusultra für jeden Sportjournalisten, wenn auch, diese leichte Kritik sei erlaubt, manchmal überreguliert. Mitunter ist es unmöglich, das zu fragen, was wirklich interessiert. Ich rede hier nicht von Unterhosen und Boulevard-Journalismus, sondern von Dingen, die sportliche Relevanz haben. In den letzten Jahren wurde es immer schwieriger, an echte Informationen zu kommen. Dabei habe ich durchaus Verständnis für die Clubs. Denn der Mediendruck wächst, es gibt immer mehr Anfragen. Aber ich meine, die großen Partner aus dem TV-, Internet-, Radio- und Print-Bereich sollten professionell bedient werden, auch wenn es mal unbequem wird! Tatsächlich ist jedoch eine zunehmende Vorsicht, teilweise auch Überdruss zu beobachten. Ich will nicht mit der Geschichte kommen, die nicht zuletzt bei vielen Fußballern beliebt ist, dass nämlich früher alles besser war. Das ist natürlich Quatsch. Aber die, ich sage mal, Überprofessionalisierung in den Vereinen sorgt dafür, dass du als Journalist fragen kannst, was du willst, die Antwort steht eigentlich immer schon fest. Die Verantwortlichen in der Branche sind alle sehr ausgeschlafen, Medienschulungen sind mittlerweile Standard in jedem Verein. Dadurch geht ein Stück Authentizität und Spontanität verloren. Manchmal macht das nicht mehr ganz soviel Spaß. Vor allem, wenn man die latente Unlust der Interviewpartner spürt, vor einem Spiel Rede und Antwort zu stehen. Das ist frustrierend, weil man als Journalist natürlich den Anspruch hat, den Anspruch haben muss, etwas Besonderes aus den Leuten rauszuholen, die eine wichtige Meldung als Erster und Einziger zu haben.

Trotzdem gibt es immer wieder Interview-Highlights, wo du anschließend nach Hause gehst und sagst: Wie geil war das denn! Aber warum sollte es im Sport anders sein als im normalen Leben. Es gibt solche und solche. Aber ein bisschen Bauchweh habe ich bei der Entwicklung schon. Fußball ist ein so großes Geschäft, ein so großer Markt geworden, dass Medienbeauftragte schnell wichtiger sind als Trainer oder Spieler. Andersherum müssen wir Journalisten aufpassen, dass wir uns nicht wichtiger nehmen als die Sportler und das, was sie auf dem Platz bieten. Das ist natürlich völlig klar. Da spreche ich auch mich nicht frei. Das Gefühl, Teil dieses Millionen-Geschäfts zu sein, ist mitunter ein sehr verlockendes. Aber man sollte sich bewusst sein, man fährt nur mit, man sitzt nicht am Steuer.

Vielleicht noch ein paar Worte zu den berüchtigten Konferenzschaltungen, weil ich immer wieder gefragt werde, wie die eigentlich genau ablaufen. Ich kann hier – logischerweise – nur für Liga Total sprechen, gehe aber davon aus, dass es bei den Kollegen von Sky ganz ähnlich läuft: In einem großen Gebäudetrakt, der sich im Fall von Premiere wie auch von Liga Total in Ismaning bei München befindet, reihen sich zig schalldichte Kommentatoren-Kabinen aneinander. In einem Vorraum vor jeder Kabine sitzt jeweils ein Cutter vor mehreren Monitoren, der die Bilder desjenigen Spiels, für das man eingeteilt ist, aneinanderschneidet. Neben dem Cutter sitzt der sogenannte MAZ-Redakteur, der die Magnetaufzeichnung, also den Beitrag, der später laufen wird, in Absprache mit dem Kommentator redaktionell erstellt.

Verantwortlich für die Konferenz ist der Sendeleiter in der Zentrale, dem ein Ablaufredakteur zur Seite steht. Der

Sendeleiter entscheidet vor Sendebeginn, dass die Konferenz zum Beispiel mit Holger Pfandt in Dortmund beim Derby gegen Schalke 04 startet. Möglicherweise legt er auch noch fest, dass es danach zu Wolff Fuss zu den Bayern geht, mal gucken, was der große Favorit im Heimspiel gegen den SC Freiburg macht. Und vielleicht beschließt er, zur Eintracht nach Frankfurt zu schalten: Buschi, die sind richtig gut drauf im Moment, du kommst an Nummer Drei.

Das war's an Vorplanung, danach hängt es von den Spielverläufen ab, wer wann zu Wort kommt. Die Kommentatoren melden sich, wenn ein Tor fällt, wenn ein Spieler vom Platz gestellt wird, wenn ein Schiedsrichter einen Strafstoß pfeift. Kurz: Immer dann, wenn etwas Spektakuläres passiert, drücken sie sich mit der On-Taste (für on air) ein, egal was gerade in den anderen Stadien passiert. Dabei verfolgen sie das Bild, das gerade über den Schirm läuft, und hören im Idealfall auch den Ton. Und da ist gerade Riesentheater beim Revierderby. Aber ich mache Frankfurt gegen Wolfsburg. Und da erzielt die Eintracht eben das 1:0. Ich drücke also den roten Knopf und schreie: »Tor in Frankfurt!« Und dann wird eventuell, wenn richtig Remmidemmi ist, bei dem anderen Spiel, das gerade noch live drauf ist, abgewartet, bis es einen sogenannten Ausstieg gibt. Dann kommt ein Trenner für den Zuschauer, das Bild verwischt, dann bin ich live drauf, komme vielleicht gerade zur Zeitlupe des Tores und muss den Leuten erklären, was eben passiert ist. Und so springt das immer hin und her. Der Sendeleiter muss ein sehr gutes Gespür für die Situation haben, dafür, welche Spiele in welcher Phase der Saison und des Spieltags jeweils am wichtigsten und spannendsten sind.

Parallel zum Live-Kommentar, und das unterschätzen die meisten, wird bereits am Spielbericht für die Zusammenfassungen direkt im Anschluss an die Live-Konferenz gearbeitet. Hier kommt der MAZ-Redakteur mit dem Cutter ins Spiel. Wenn es ein eingespieltes Team ist, machen die das relativ selbständig. Hast du mit dem MAZ-Redakteur noch nicht so oft zusammengearbeitet, dann hältst du während deiner Konferenz, und jetzt sind wir an dem Punkt, wo man begreifen muss, dass da ganz schön viel gleichzeitig abläuft, Kontakt, sprichst ihn über eine sogenannte Kommando-Taste an, um zu sagen, die und die Szene hätte ich gern mit einer Zeitlupe, jene mit zweien usw. Wenn die Kommunikation optimal läuft, sollte exakt alles so sein, wie du dir das gewünscht hast für deinen Spielbericht. Besser jedoch, du verlässt dich nicht drauf, sondern rückversicherst dich hin und wieder. In der Halbzeitpause, wenn aus dem Studio weitergesendet wird, prüfst du, wie der Cutter die ersten 45 Minuten zusammengeschnitten hat. Und dann ist es am Ende manchmal so, dass du die Konferenz als letzter Kommentator beendest, also live drauf bist, und noch die Ergebnisse vom Samstagnachmittag und die Tabelle machen musst, bevor du ins Studio abgibst, wo der Moderator mit dem Experten wartet. Wenn es sehr ulkig läuft, hast du wiederum direkt den ersten Spielbericht in der Zusammenfassung. Will heißen, anderthalb bis zwei Minuten, nachdem du deine erste große Aufgabe erledigt hast, nämlich in der Konferenz live zu kommentieren, bist du schon wieder drauf mit einem fünfminütigen Zusammenschnitt deines Spiels. Da ist reichlich Erfahrung gefragt, denn du kannst den Bericht vorher nicht sehen und weißt nicht genau, was als nächstes kommt. Du kriegst einen Zettel vom MAZ-Redakteur reingereicht, jedoch keinen ausformulierten Text oder so was. Auf dem Zettel steht die Spielminute, eine kurze Zusammenfassung der Situation, wieviel Zeitlupen kommen und was noch als sogenanntes Schnittbild vorgesehen ist, zum Beispiel das Bild des jubelnden Trainers nach einem Tor auf der einen Seite, das des frustrierten auf der anderen. Dann geht's ab. Du siehst das, was du kommentierst, in dem Moment, wo du es kommentierst, tatsächlich das allererste Mal.

Für uns Liga-Total-Leute war es sogar so, dass wir unterschiedliche Längen und Varianten der Zusammenfassung machen mussten: neben dem fünfminütigen Zusammenschnitt für die Highlight-Sendung eine zehnminütige sowie eine dreiminütige Zusammenfassung für die Kollegen von Sport1 am Sonntag. Also es ist eben nicht so, wie sich viele das vorstellen – ach ja, die Fußballkommentatoren haben echt einen lockeren Job, schön Fußball gucken und ein bisschen dazu quatschen. Für die Konferenz gilt das schon mal gar nicht. Auch nicht für einen Live-Kommentar, denn man sollte das Spiel verstehen, man sollte was zur Historie des Duells wissen, man sollte die beiden Mannschaften kennen. Und man sollte vor allem wissen, wann man mal die Klappe zu halten hat und das Spiel einfach ein bisschen für sich stehen lässt. Ja, auch das, vor allem das musste ich im Laufe der Jahre lernen: Man muss auch schweigen können.

Genauso, wie viele die Vorbereitung unterschätzen, für die du zunächst mal liest, liest, liest. Früher hat man auch noch sehr viel telefoniert, zum Beispiel mit den Trainern. Das ist, kann ich zumindest für mich sagen, sehr zurückgegangen. Im Normalfall reicht der regelmäßige fachliche Austausch mit den Kollegen, die intensive Recherche in Zeitungen, Zeitschriften und natürlich, mittlerweile ganz extrem, im Internet. Aber bei besonderen Spielen, wenn du die Protagonisten gut kennst, versuchst du natürlich, Informationen aus erster Hand zu bekommen. Am Ende ist entscheidend, was über den Äther geht, was ins Mikrofon kommt.

Ja, und dann war natürlich der Frust riesengroß, als Liga-Total die IP-TV-Rechte, die wir vier Jahre innehatten, wieder verlor. Für viele Kollegen war das das Ende vom Traum Fußball-Bundesliga. Der eine oder andere hat zwar den Absprung geschafft, aber für viele fantastische Kollegen, die einen tollen Job gemacht haben, auch wenn der eher im Verborgenen stattfand, war das ein richtig herber Schlag. Die Ablauf-Redakteure, die MAZ-Redakteure, die Cutter, die Techniker, die Aufnahmeleiter – hatten plötzlich enorme Existenzängste. Das geht in der Öffentlichkeit oft unter, weil immer gesagt wird, in dieser super TV-Branche ist doch alles Gold. Für mich war das auch ein Hammer, aber ich hatte halt schon immer intensives Interesse an sechs, sieben anderen Sportarten und dachte, naja, irgendwo geht sicherlich noch was.

Viele hatten Tränen in den Augen. Und das kann ich zu einhundert Prozent nachvollziehen, an erster Stelle wegen der Existenzängste, dann aber auch, weil den Kollegen von einem Moment auf den anderen vor Augen geführt wurde: das war's. Vier Jahre bei Liga Total, ein fantastisches Betätigungsfeld, eine fantastische Truppe – vorbei.

Was übrigens für die Truppe spricht, ist, dass sie sich im letzten Vertragsjahr nicht gehen ließ, sondern sogar versuchte, immer noch einen drauf zu legen und, ich wiederhole es gerne, einen großartigen Job gemacht hat. Jedes Mal, wenn ich heute den einen oder anderen bei anderen Arbeitgebern wiedersehe, freue ich mich. Denn bei aller Stutenbissigkeit im TV und im Sportjournalismus – ich habe bei Liga Total sehr viele unglaublich nette, unglaublich kompetente, unglaublich tolle Menschen kennengelernt.

KOMMENTATOR BEI SCHLAG DEN RAAB

EINE FÜR MEINE Kommentatoren-Laufbahn im TV nicht ganz unwichtige Weichenstellung ergab sich Pfingsten 2007. Die Fußballsaison war gerade rum, ich freute mich auf die Zeit mit der Familie. Mit Freunden waren wir in die Toskana gefahren und genossen die Sonne, als mich – wieder mal – ein Anruf erreichte. Am anderen Ende der Leitung meldete sich ein Redakteur der Produktionsfirma Brainpool, ob ich mir vorstellen könne, die Unterhaltungsshow »Schlag den Raab« auf Pro Sieben als Kommentator zu begleiten. Ich hatte von »Schlag den Raab« nur am Rande mitbekommen, wusste, dass es eine sehr erfolgreiche Sendung zu werden versprach, mit Stefan Raab, logisch, als Hauptperson. Mein erster Reflex war: Hm, als Sportreporter in einer Show? Wirst du da noch ernstgenommen? Jedenfalls dachte ich von der Show, das wäre – purer Klamauk. Als erstes fragte ich jedoch, woher der Kollege meine private Telefonnummer hatte, denn ich finde es gar nicht witzig, im Urlaub gestört zu werden. Er gestand mir, dass er meine Nummer von Michael Körner hätte, ja, jenem Mike Körner, mit dem ich einst für das DSF die

NBA Finals kommentiert hatte. Körner war inzwischen Pokerexperte bei Brainpool. Damit war die Sache geklärt.

Im Juni 2007, bei der fünften Folge von »Schlag den Raab«, sollte mein erster Einsatz sein. Ich machte mich im Vorfeld ein bisschen schlau. Was passiert da eigentlich in der Show? Es geht um Wissen, Sport, Geschicklichkeit. Stefan Raab selbst tritt gegen einen Kandidaten an, der, wenn er gewinnt, 500 000 Euro und, wenn der Jackpot angewachsen ist, Gewinnsummen im Millionenbereich einstreichen kann.

Von der Grundidee eigentlich ganz spannend. Aufgeräumt und guter Dinge flog ich schließlich nach Köln zur ersten Sendung. Und hatte vom ersten Moment an unglaublich viel Spaß! Tolles Team, sehr kreative Leute, die sich aberwitzige Spiele ausdachten, einfach eine Sendung, in der es von vorne bis hinten knisterte, in der Spannung drin war. Wenn mir irgendjemand vorhergesagt hätte, ich würde jemals ernsthaft kommentieren, wie zwei erwachsene Menschen Holztürmchen aufbauen, und wessen Turm als erstes zusammenbricht, hat verloren, dem hätte ich doch gesagt: »Ja, ja, ist schon klar und im Himmel ist Jahrmarkt!« Aber so ist es gekommen! Und ich habe das tatsächlich mit Inbrunst und Begeisterung kommentiert. Weil wir es eben mit Protagonisten zu tun haben, die vollkommen bei der Sache sind, weil Raab ein hundertprozentiger Ehrgeizling ist, der nichts herschenkt, und im Zuge dessen den Kandidaten wie auch dem Reporter nichts anderes übrig bleibt, als ihrerseits Vollgas zu geben und dagegenzuhalten.

Ich war von dem Konzept und wie es aufging extrem beeindruckt. Bereits nach dieser ersten Sendung war für mich klar, natürlich machst du weiter, falls sie dich wollen ... Sendung 6 verpasste ich, weil ich in ungeraden Jahren im September immer für die Basketball-Europameisterschaften unterwegs war. Ab Folge 7 war ich dann aber kontinuierlich am Start und durfte die abstrusesten, verrücktesten Dinge erleben.

Zum Beispiel beim Türmchen-Bau mit überdimensional großen Klötzen. Dieser spannende Wettkampf ziemlich gegen Ende der Sendung zog sich über 25, 30 Minuten hin. Ich hatte schlichtweg vergessen, in der Werbepause vorher auf die Toilette zu gehen und daher einen, blöd, das jetzt zu sagen, aber so war es, unglaublichen Harndrang. Ich hoffte die ganze Zeit, dass einer endlich den Turm umschmeißt. Ich war schon so weit, dass ich zu einer leeren Wasserflasche griff, diese auch schon geöffnet hatte, oben in meiner Sprecherkabine, und laufen lassen wollte. Nur ein paar Sekunden hätten gefehlt, da fiel der Turm. Werbepause. Ich sofort raus aus der Kabine, Sprint die Treppe runter, ab aufs Klo und, na ja, den Rest kann man sich hier denken, oder besser vielleicht nicht ...

Was noch? Ein kasachisches Wurfholz-Spiel zum Beispiel, Mölkky. Ebenfalls ein absolutes Highlight, das eine ganz eigene Dramatik entwickelte. Einfach mal selbst ausprobieren. Es sind immer die Kleinigkeiten, die das I-Tüpfelchen ausmachen, Spiele von absoluter Einfachheit, aber eine Dramatik auslösend, die der absolute Wahnsinn sind. Ein weiteres Beispiel: Weintrauben müssen über eine Hochsprunglatte geworfen und auf der anderen Seite mit dem Mund wieder aufgefangen werden, sensationelle Bilder ... Und für die Kandidaten geht es dabei um 500 000, eine Million, gar um bis zu, das ist bisher der Rekordgewinn, 3,5 Millionen Euro. Dazu Stefan Raab, der eigentlich wie ein Leistungssportler auftritt. Was den Kopf betrifft, ist er ganz sicher Hochleistungssportler. Da steckt der sogar den einen oder anderen Athleten in die Tasche. Das gilt natürlich nicht für seine Physis, aber hinsichtlich Geschicklichkeit, Wissen, Abgezocktheit, mentaler Stärke ist Stefan Raab unfassbar weit oben anzusiedeln (na, der wird sich wundern, wenn er das liest, dieses Loblied). Das schafft eine ganz irre Spannung. Und dies plus die Tatsache, dass die Kandidaten in der Regel Lampenfieber haben, dass sie darüber nachdenken, wie viel Geld sie an so einem Abend gewinnen können, macht es ihnen so überaus schwer. Aber Stefan ist ein unglaublicher Kämpfer, der andere in den Wahnsinn treiben kann. Jedenfalls ist es für mich auf keinen Fall eine schlechte Entscheidung gewesen, als ich mich Pfingsten 2007 in dieses Abenteuer stürzte. Mittlerweile habe ich rund 40 Sendungen kommentiert, gehöre sozusagen zum Inventar.

Lange gab es ja die Troika Opdenhövel, Raab, Buschmann – Raab als Protagonist und Hauptfigur, ohne die für mich diese Sendung überhaupt nicht denkbar ist. (Sie heißt ja auch »Schlag den Raab«.) Mit Opdi verstanden wir uns on air immer sehr gut. Als er im Herbst 2011 zur ARD zu wechselte, war ich zunächst sehr traurig. Für ihn kam Steven

Gätjen, und ich finde, der macht das sensationell, moderiert auf seine ihm eigene Art und Weise, ist menschlich schwer in Ordnung. Für mich ein Typ, der super in das Format passt.

An dieser Stelle möchte ich mit ein paar Vorurteilen aufräumen. Es kursiert hin und wieder das Gerücht, dass der Raab Bescheid weiß, was kommt. Ne, weiß er nicht! Ich kann alle Zweifler beruhigen. Das widerspräche komplett der Einstellung, dem Selbstverständnis und der Überzeugung von Stefan Raab. Der ist nämlich selber am meisten an dem Experiment interessiert, herauszufinden, ob er unter gleichen Voraussetzungen jeden schlagen kann. Davon ist er aber eh überzeugt ... Zumal er sicher ein Plus hat: er ist Kameraerfahren. Dazu dieser unfassbare Ehrgeiz. Das ist echt Wahnsinn. Und natürlich geht es für ihn persönlich nicht um das Geld wie für die Kandidaten. Aber der Hauptpunkt ist die Einstellung, die Überzeugung von Stefan, dass er jeden schlagen kann. Also das kann man gleich mal ad acta legen: Stefan Raab ist im Vorfeld nicht informiert, geschweige denn trainiert er vor der Show. In dieser Beziehung sind eher schon die Kandidaten im Vorteil, weil sie meist jünger sind und unterschiedlichste Spielformen in der Vorbereitung durchgehen. Das ist ja schon fast professionell mittlerweile, wie die Show seitens der Kandidaten betrieben wird. Aber am Ende fällt die Entscheidung in der Sendung eben doch auf ganz anderer Ebene. Da sind wir wieder beim Mentalen. Und da ist Raab ein Tier.

In der Sendung bekommt er ja den ein oder anderen Spruch von mir. Es gibt viele, die sagen, Mensch Buschi, wie kannst du nur, der ist doch dein Chef. Aber es geht darum zu zeigen, nicht alle sind für Raab. Wobei, alle für Raab, das ist natürlich Quatsch. Raab polarisiert. Viele Zuschauer sind ja gerade gegen ihn. Wenn er wieder mal übertreibt mit seiner Akribie, mit seinem Ehrgeiz, dann muss ich ihn einfach auf die Schippe nehmen. Für mich gehört das zur Sendung, es ist ein Wettkampf. Das mag ich so an diesem Format, es ist nicht egal, wie es ausgeht. Das macht es fast einzigartig!

Zur eingangs zitierten Frage, ob mein Engagement bei »Schlag den Raab« mir persönlich (in der öffentlichen Wahrnehmung) nicht schadet, möchte nur sagen: ganz viele Sportler selber – Fußballer, Basketballer und andere – finden das offensichtlich überhaupt nicht schlimm. Von dieser Seite hörte ich nie, der Buschi könne jetzt keinen Fußball mehr oder Basketball oder was weiß ich kommentieren, weil er »Schlag den Raab« macht. Ganz im Gegenteil. Zum Beispiel nach einem Bundesligaspiel in Hannover, bei dem ich als Moderator im Einsatz war. Am Abend vorher war »Schlag den Raab« gelaufen. Der Kandidat hatte im entscheidenden Spiel ein Riesenloch in einer Torwand aus fünf Metern Entfernung nicht getroffen. Wenn du das nicht triffst, triffst du keinen Möbelwagen – normalerweise, wenn es nicht um so viel Geld geht, wenn nicht rote Lämpchen auf Fernsehkameras leuchten. Also, der bedauernswerte Kandidat hatte dieses Riesenloch nicht getroffen und verloren. Tags darauf sah mich Mirko Slomka in meinem Studio-Kämmerchen hocken und platzte unangemeldet herein: »Buschi, Buschi, was war das denn gestern? Da trifft der dieses Riesenloch nicht!« Slomka fand, dass das eine geile Sendung gewesen sei ... Also eher solche Reaktionen erlebe ich.

Oder am 12. September 2009, die legendäre Folge gegen Hans Martin, der eine oder andere wird sich vielleicht erinnern. Hans Martin war ein extrem ehrgeiziger Pharmazie-Student. Er wirkte sehr von sich selbst überzeugt, fast schon überheblich. Damit verkörperte er im Grunde das, was Raab in der Meinung Vieler sonst immer ausstrahlt. Martin zahlte gewissermaßen mit gleicher Münze zurück, machte Witzchen über Raab. Er war so ziemlich der einzige Kandidat, der es in meiner Zeit bei »Schlag den Raab« schaffte, das komplette Studio-Publikum und, wie sich hinterher zeigte, auch nahezu die gesamte Öffentlichkeit am Fernsehschirm und im Internet gegen sich aufzubringen. Einfach, weil er eine Art hatte, die sehr arrogant rüberkam. Darüber sprach jeder. Ich muss zugeben, die Sendung war eine der seltenen Ausnahmen, wo ich mich irgendwann ebenfalls auf Raabs Seite schlug, weil mir das ein bisschen Over the Top war, was Hans Martin da abzog. Als er auch noch anfing, mit sich selbst zu reden, schlüpfte mir der Spruch raus: »Jetzt spricht Hans mit Martin.« Es war eine in jeder Form besondere Sendung, die der Kandidat übrigens gewann und damit 500 000 Euro mit nach Hause nahm. Er hatte während der Sendung zu Protokoll gegeben, ich bin nicht hier, um mir Freunde zu machen, ich bin hier, um das Geld mitzunehmen. Das hat er geschafft.

Am nächsten Tag, es war die Zeit der Basketball-Europameisterschaft 2009 in Polen, flog ich dorthin zurück, ins

Hotel der deutschen Basketball-Nationalmannschaft. Man war gerade beim Mittagessen. Ich wurde herzhaft empfangen: »Buschi, was war das denn für einer gestern?« Viele hatten sich die Show reingezogen und mitgefiebert (und durchweg zu Stefan Raab gehalten).

Kurz, ich weiß, dass Schlag den Raab in der Sportlerszene eine unglaublich beliebte Sendung ist. Mats Hummels, um ihn hier mal zu outen, hat mich mehrfach angesprochen, dass er gern mal bei »Schlag den Raab« antreten würde.

Interessant übrigens, dass die meisten, auch viele meiner Kumpel, sagen, na, den Raab würde ich aber glatt weghauen. Und auch ich bin manchmal geneigt zu sagen, den Raab würde ich in jedem Sportspiel schlagen. Beim Wissen hätte ich vielleicht auch eine Chance. Aber unterschätze mir keiner den Raab! Das ist ein Fuchs. Der ist hart. Und der weiß, was er da tut. Zumindest sorgt er mit seiner Crew für beste Samstagabend-Unterhaltung. Mir macht das tierisch Spaß.

DEUTSCHES HAUS PEKING 2008

IM RAHMEN DER Olympischen Spiele 2008 in Peking wurde ich als Moderator für das Deutsche Haus gebucht, dem repräsentativen Treffpunkt des deutschen Sports. Christian Frommert, der ehemalige Pressemann der Deutschen Telekom, hatte den Kontakt hergestellt. Das bedeutete knapp vier Wochen China, vier Wochen Hotel Kempinski in Peking, denn hier war das Deutsche Haus angesiedelt. Wunderschöner Garten mit kleinem Teich, luxuriöse Ausstattung, tolles Ambiente. Sportler, Sponsoren und Sportfunktionäre konnten sich hier auf jeden Fall wohlfühlen, gar keine Frage. Wobei ich davon ausging, dass die Sportler im Mittelpunkt stehen würden. Nach vier Wochen war ich mir jedoch nicht mehr so sicher.

Es war mein erster Besuch im Reich der aufgehenden Sonne, dementsprechend flog ich mit gemischten Gefühlen nach Peking. Denn wer ist schon frei von Vorurteilen? Du kannst da keinen Schritt unbewacht machen, du wirst immer bespitzelt, das waren so meine Gedanken – ich hatte richtig Paranoia. Leider wurden sie auch nicht wirklich zerstreut.

Im Bad meines Hotelzimmers gab es zum Beispiel eine Lampe, die sich nicht ausknipsen ließ. Das klingt total bescheuert, der Buschi hat den Schalter nicht gefunden, mag man denken. Aber nein, es war tatsächlich so, es gab keinen Schalter. Ich hatte das Gefühl, hier ist eine Kamera versteckt, hinter meinem Spiegel im Badezimmer, die beobachten dich die ganze Zeit, wenn du im Badezimmer bist, dich wäschst ... Das war fürs Schlafen kein Problem. Ein großes Zimmer, und man konnte die Tür zumachen. Aber diese kleine Leuchte oberhalb des Spiegels – ich kriegte sie nicht aus. Ich war mir hundertprozentig sicher, da war eine Kamera.

Dann wuselten in der Tiefgarage des Hotels immer relativ viele Sicherheitsbedienstete herum. Ich weiß nicht, was die da die ganze Zeit über machten. Und auffällig war auch: egal zu welcher Tages- und Nachtzeit ich auf den Flur trat, immer begegnete ich einem Mann, der dort saß, stand, lag. Ich hatte den Eindruck, der weiß ganz genau, wann ich aufstehe und wann ich ins Bett gehe. Paranoia!

Mein Job ließ mir ansonsten kaum Zeit, diese Paranoia zu pflegen. Ich durfte ja auf keinen Fall etwas von den Spielen verpassen. Nichts wäre peinlicher gewesen, als nicht mitzubekommen, welcher deutsche Athlet wo wie abgeschnitten hatte. Natürlich war ich nicht allein, hatte ich Unterstützung. Ich wusste immer, wer jeweils wann zu mir auf die Bühne kam. Aber ich agierte dort jeden Tag, na, zwischen fünf und sieben Stunden, in denen ich in irgendeiner Form Programm bieten, Interviews mit Sportlern und hochkarätigen Funktionären führen musste, etwa mit Dr. Thomas Bach, mittlerweile IOC-Präsident. Dasjenige mit Matthias Steiner wurde eines der emotionalsten, tränenreichsten dieser Peking-Wochen. Steiner hatte für Deutschland Olympisches Gold im Gewichtheben gewonnen. Die Medaille hatte er bereits um den Hals hängen, aber seine Geschichte war nicht minder ergreifend: Spät die deutsche Staatsbürgerschaft angenommen, sein schwerer Schicksalsschlag, die Frau verloren, und dann sein Olympiasieg, den er seiner Frau widmete. Die Geschichte ging durch die Medien, weil dieser Kerl einfach ein besonderer Mensch ist. Als ich 2013 den Herbert-Award als bester deutscher Sportkommentator erhielt, gewählt von den 20 000 Top-Sportlern Deutschlands, überreichte Matthias Steiner mir den Preis. Ich glaube, ihm ging das Gleiche durch den Kopf wir mir: Fünf Jahre zuvor hatten wir uns schon einmal auf der Bühne gegenübergestanden. Da hatte ich ihn beglückwünscht ...

Ich war nicht im Deutschen Haus, um investigativen Journalismus zu betreiben, sondern um als Conférencier die Leute zu unterhalten und die deutschen Sportler zu würdigen. Aber es gab so Momente, wo ich am Sinn des Unternehmens zweifelte. Das soll keine General-Kritik am deutschen Sportfunktionärs-Wesen sein oder an den Sponsoren – ohne diese Damen und Herren geht ja nichts im Leistungssport. Aber nachdem Britta Heidemann die Goldmedaille im Degenfechten gewonnen hatte und abends mit einer Fanfare auf die Bühne gebeten wurde, was ein Signal für alle Besucher, für alle Gäste im Deutschen Haus hätte sein sollen, war der Applaus für eine frischgebackene Olympia-Siegerin für meinen Geschmack doch eher dürftig. Ich meine, man muss keinen Karneval veranstalten, dazu ist es dann eben doch auch ein Business-Treffen, aber so ein bisschen den Sportlern die Ehre erweisen, die sie verdienen, das hätte ich angebracht gefunden. Denn es geht bei Olympia in erster Linie doch immer noch um Sport, so jedenfalls meine romantische und verträumte Einstellung. Britta Heidemann hatte Gold gewonnen. Und kaum einer legte die Gabel, mit der er gerade die Scampi gepickt hatte, beiseite, um zu applaudieren. Also sagte ich, meine Damen und Herren, liebe Leute, die Frau hat gerade Gold im Degenfechten gewonnen, einen riesen Applaus für Britta Heidemann.

Im Nachklapp wurde mir sehr deutlich gemacht, dass das so in der Form nicht ginge. Dabei hatte ich, das muss man mir glauben, ja nicht gesagt: »Hey, Ihr Pflaumen, jetzt applaudiert gefälligst«. Aber es verstieß offensichtlich gegen den guten Ton, Sponsoren, Geldgeber, wichtige Leute überhaupt aufzufordern, ein bisschen beiseite zu treten und den Sportlern ein wenig mehr Raum zu geben.

Ich ärgerte mich maßlos darüber, dass man so wenig Begeisterung für die Sache aufbrachte und mir darüber hinaus einen Rüffel für unangemessenes Verhalten verpasste. Wie der Hase so läuft bei solchen Geschichten. Aber so ganz anfreunden und abfinden kann ich mich damit bis heute nicht.

Wenn ich dieses Erlebnis mit einem Ausflug ins nicht weit entfernt gelegene Holländer-Haus vergleiche! Dort lief alles ein bisschen anders ab, dort war das Ganze mehr eine

Fan-, erst in zweiter Linie eine Business-Veranstaltung. Die Medaillen-Gewinner, natürlich deutlich weniger als im deutschen Olympia-Team, wurden gefeiert, bis der Arzt kommt. Da war richtig Stimmung.

Ich mochte das. Aber in einem Deutschen Haus geht das eben nicht. Man muss dafür volles Verständnis haben, zahlen doch die Sponsoren die Musik und haben ein Anrecht darauf, dementsprechend abgebildet zu werden. Ohne Geldgeber, das weiß jeder Journalist und jeder Hochleistungssportler, ist ein Mitmarschieren auf internationalem Top-Niveau nicht möglich.

Aber darf es denn nicht mal ein bisschen offener und lockerer zugehen? Wenn Sportler bei Olympia eine Medaille gewinnen und sie damit ihren einen großen Moment haben, auf den sie monatelang hingearbeitet haben, sollte man ihnen dann den Eindruck vermitteln, dass ihre Feier lediglich eine lästige Pflichtveranstaltung ist?

Das war selbstverständlich nicht in allen Fällen so. Es gab auch Momente, wo sogar die Sponsoren klatschten, zum Beispiel als Superstar Dirk Nowitzki dem Deutschen Haus einen Besuch abstattete. Nowitzki, Fahnenträger in Peking, war natürlich der Mega-Star im deutschen Olympia-Team. Den wollte man sehen, von ihm wollte man ein Autogramm oder ein Foto ergattern.

Die Arbeit im Deutschen Haus vergrößerte defintiv mein Sportspektrum. Weil ich keinen Unsinn erzählen wollte, sondern den Anspruch hatte, mit den Sportlern nicht nur über den tollen Medaillengewinn, sondern auch über ihre

Sportart, über den Verlauf des Wettkampfs und was dabei in ihrem Kopf passierte, zu sprechen, sog ich alles begierig auf. Logischerweise kann man nicht in allen Sportarten gleichermaßen firm sein. Ich war nie Fecht-, Kanu- oder Kajak-Experte, bin nie selbst gerudert. Aber meine Sportverrücktheit kam mir allemal zupass. Ich hatte Lust, mit den Vielseitigkeitsreitern zu sprechen, wollte wirklich etwas von den Kanuten über ihren Sport wissen, um nicht wie der Blinde über die Farbe zu sprechen. Dass nicht alle Gespräche immer Mega-Tiefgang hatten, ist auch klar. Auch wenn ich nicht der Robin Hood des deutschen Sports, der Sportunterhaltung, des Sportjournalismus bin: Ich finde es bitter, wenn jemand wie Ole Bischof, Olympia-Sieger im Judo, nur für einen so kurzen Moment ins Rampenlicht tritt. Wenn's gut läuft, hat er später noch einmal einen Auftritt bei »Schlag den Raab«. Das ist eigentlich unfair, wenn man das vergleicht mit den großen, populären Sportarten wie Boxen, Formel 1, Fußball. Wer kennt schon die Besetzung des deutschen Ruder-Achters? Oder des Doppel-Vierers? Ich denke, man sollte den Sportlern ein bisschen mehr Platz einräumen, es ist nicht in Ordnung, dass die höchstens alle vier Jahre einmal ins Blickfeld der Öffentlichkeit geraten. Das ist schwierig, da muss man sich nichts vormachen. Aber ein bisschen Aufmerksamkeit versuche ich ihnen zu geben, so gut es eben geht.

D-DAY IN WÜRZBURG

ES GIBT GENÜGEND LEUTE, die der Meinung sind, dass mir die nötige Distanz fehlt. Sie sagen, ich bin zu dicht dran am Sport, an den Sportlern. Und manchmal auch an den Fans. Mehrfach habe ich das in diesem Buch schon thematisiert.

Ich finde ja, solange man seinen journalistischen Auftrag nicht aus den Augen verliert, nämlich zu analysieren und zu werten, aber auch zu unterhalten, dann kann es nicht zu viel Nähe geben. Den Vorwurf der Kritiklosigkeit lasse ich ohnehin nicht gelten. Auch Dirk Nowitzki wird von mir kritisiert, wenn er schwach spielt.

Manches nimmt mich einfach mit, und ich lasse mich gerne mitnehmen. Ein Beispiel ist der Dirk-Nowitzki-Tag in seiner Heimatstadt Würzburg. Das war eine Veranstaltung, die seine Familie, sein Mentor Holger Geschwindner und vor allem die Verantwortlichen der ING-DiBa nach seinem Titelgewinn mit den Dallas Mavericks in der NBA 2011 organisierten.

Keine kleine Herausforderung, denn viele Köche verderben bekanntlich den Brei. Ohne zu tief ins Detail zu gehen: Man plante eine große Sause, mit einer Pressekonferenz in der Karl-Diem-Halle, der Würzburger Basketballarena. Ich sollte moderieren, mit Dirk auf der Bühne ein bisschen talken. Natürlich war ich sofort Feuer und Flamme. Dieses Fest war gewissermaßen Krönung und I-Tüpfelchen einer sportlichen Karriere, die ich von Anfang an begleiten durfte. Ich freute mich wie ein Schnitzel auf diesen »D-Day«, wie er in Würzburg bald nur noch hieß.

Andere waren hingegen skeptisch, insbesondere Dirks Schwester Silke, die bis zuletzt Bedenken hatte, ob ein solches Fest überhaupt genügend Zuspruch finden würde. So richtig konnte ich ihre Sorge nicht nachempfinden. Denn wohin auch immer du in diesen Tagen nach Würzburg kamst, du spürtest an jeder Straßenecke, wie stolz die Leute hier auf Dirk waren.

Er selber mochte allzu großes Bohei um seine Person ja nie. Klar, er hatte sich in seiner langen Karriere, in der er zum Superstar reifte, an Öffentlichkeitsarbeit gewöhnen müssen, an das Gekreische der Fans, wo immer er auftrat. Aber wer ihn kannte, wusste, so richtig anfreunden konnte er sich damit nicht. Er ist eigentlich eher zurückhaltend, durchaus mit reichlich Witz und Humor ausgestattet, aber zuviel Trubel um seine Person ist ihm daher suspekt. Im Umgang mit Journalisten wirkt er daher manchmal sogar ein bisschen lustlos, ja genervt. Wie würde er wohl auf eine solche Veranstaltung reagieren, bei der es nicht um die Nationalmannschaft, sein NBA-Team oder sonst was Sportliches ging, sondern um den Menschen Dirk Nowitzki, den Helden, den die

Leute feiern wollten? Das war meiner Meinung nach eher die Frage.

Dann betraten wir die Halle. Sie war mit geschätzt dreieinhalbtausend Fans gestopft voll. Mir wurde regelrecht mulmig zumute.

Dabei musste ich an 1997 denken, an die Nike Hoop Heroes. Damals hatte ich Dirk als kommenden NBA-Star angekündigt, zu einem Zeitpunkt, zu dem ihn noch kein Mensch kannte. Und jetzt, 14 Jahre später, war er tatsächlich NBA-Champion und ich durfte wieder mit ihm auf der Bühne stehen. Also, das Leben ist manchmal verrückt. Ein Kreis schloss sich an diesem Tag.

Den Bühnenauftritt konnte man via Livestream auch im Internet verfolgen. Anderthalb, zwei Stunden. Ich weiß es nicht mehr ganz genau. Und Dirk war großartig. Er antwortete auf jede noch so eigenartige Frage, war für jeden Spaß zu haben, machte selber Faxen, jonglierte mit einem Fußball, alberte mit Kindern herum, holte einen Fan mit einer Plastiktüte auf die Bühne, in der sich ein Trikot von Paul Breitner und ein Fußball befanden, die Dirk beide unterschrieb, sein Name neben demjenigen Breitners, worüber er sogar noch Witze machte. Er war einfach gut drauf und die Leute standen Kopf. Dermaßen gelöst bei einem öffentlichen Auftritt hatte ich Dirk in Deutschland noch nie erlebt.

Im Rathaus ging es weiter: Eintrag ins Goldene Buch der Stadt. Anschließend kam der Moment, vor dem seine Schwester Silke am meisten Angst hatte: Mit einem angemieteten Truck, wie man das von Fußballmeisterschaftsfeiern kennt, fuhren wir durch die Straßen Würzburgs. Alles war voller Menschen, die Leute standen Spalier, die Stimmung war riesig. Die Fans schmissen T-Shirts, Badeschlappen, Basketbälle, Unterhosen, ich weiß nicht, was noch alles, auf den Truck, um es von Dirk signiert zu bekommen. Ich fand das alles großartig.

An der Residenz in Würzburg trennten sich unsere Wege, Dirk marschierte hoch in Richtung Balkon, ich ging auf die Bühne am Platz zum Hallensprecher der Würzburger Bundesliga-Basketballer, zu Matze Bielek. Das Bild, wie Dirk oben auf dem Rathaus-Balkon die Arme hob, mit dem breitesten Grinsen der Welt im Gesicht, werde ich nie aus dem Kopf kriegen, ist ja auch auf allen Fernsehstationen rauf- und runtergelaufen. Ich tippe, es waren zwölf-, dreizehntausend Menschen, die ihm zujubelten. Wenn ein deutscher Sportler sich diesen Jubel verdient hat in den letzten Jahren, dann ist es Dirk Nowitzki.

Es war ein Erlebnis. Und das feierten wir mit zahlreichen ehemaligen Weggefährten von Dirk wie mit vielen Basketball-Fans bis tief in die Nacht im Odeon, so hieß die Würzburger Kneipe. Weil es drinnen so heiß war, ging ich irgendwann nach draußen, ein Zigarettchen rauchen. (Ich weiß, das ist ungesund!) Und wie ich so bin, war ich bald in einen Plausch mit ein paar Leuten verwickelt, die ich letztendlich in den VIP-Bereich mitnahm, um ihn hier fortzusetzen. (Ich weiß, darf man alles gar nicht machen!) Dirk saß dort fast ein bisschen melancholisch herum, offenbar froh, dass Flo Krenz von der ING-DiBa ein paar Zigarren besorgt hatte, wie auch immer er das mitten in der Nacht geschafft hatte. Ich ertappte mich bei dem Gedanken, Mensch, ist er nicht irgendwo auch ein einsamer Kerl. Aber es steht mir natürlich nicht zu, darüber zu spekulieren, wahrscheinlich war es einfach so ein Moment, in dem tierisch was von ihm abfiel.

Ich kann mir vorstellen, dass dieser Tag für ihn einer der schönsten in seiner Karriere war. Ich hatte dieses Gefühl, als wir mit überdimensionalen »Fläschchen« nebeneinander saßen und plauderten.

Für mich wurde es dann noch eine unglaubliche Nacht. Denn die Fans, mit denen ich ins Plaudern geraten war, waschechte Würzburger, nahmen mich anschließend noch mit in ihre Stadt. Anschließend, das war so gegen halb fünf morgens, Nowitzki hatte sich längst verabschiedet, auch die Jungs von der ING-DiBa hatten die Waffen gestreckt. Wir landeten in einer Lokalität namens Brandstädter. (Ich sage nur: zwei Eier im Glas – alle, die dabei waren, werden sich erinnern ...) Irgendwann sagte ich: »So, jetzt ist's aber gut, jetzt reicht's.«

Aber es war noch immer nicht zu Ende. Die Würzburger ließen nicht locker: »Ach komm, Buschi, einen Absacker noch.« Darf ich das hier erzählen? Oder macht das meine künftige TV-Karriere endgültig zunichte? Ach, wurscht. Ich marschierte mit. Wir landeten in einer Studentenbude irgendwo in der Peripherie. Einen der Mitbewohner, der eigentlich vor einer Prüfung ruhen sollte, weckte ich in meiner zurückhaltenden Art mit einem lauten »Aufstehn, ich bin's, der Buschi«. Es war eine laue Nacht, nein, der Morgen graute bereits, als wir noch ein paar Bierchen auf dem Balkon tranken. Um neun machte ich mich endlich vom Acker. Was war das? Was hast du jetzt wieder angestellt? Andererseits, es war ja nichts passiert, für das ich mich hätte schämen müssen, fand ich, auch wenn in Würzburg über diesen Ausflug sogar in der Zeitung geschrieben wurde. Gesprochen wird wahrscheinlich bis heute darüber. Zumindest in der Studentenbude ...

Ich habe es aber nicht bereut, es war eine fabelhafte Nacht.

DIE TÜCKEN VON COMPUTER-SPIELEN

IMMER WIEDER MUSS ich mir anhören, wie schlecht doch die Kommentare der FIFA Computerspiele seien. Die abenteuerlichsten Geschichten kursieren hierüber. Die folgenden Informationen lege ich allen FIFA-Zockern ans Herz, die sich ernsthaft fragen, wie die Vertonung dieser Computerspiele vonstattengeht.

Begonnen hat alles 2011. Ich muss kurz nachrechnen, ja, ich bin jetzt im vierten Jahr dabei. 2011 wurden Manfred Breuckmann und ich gefragt, ob wir gemeinsam die Fifa-11-Reihe kommentieren würden. Ich konnte mir darunter nichts vorstellen, und auch für Manni Breuckmann war diese Arbeit Neuland. Wir reisten ziemlich ahnungslos nach Köln, wo die Aufnahmen stattfinden sollten. Die erste Überraschung: wie viel Zeit man mit uns eingeplant hatte! Nämlich eine ganze Woche, zwischen fünf und sieben Stunden täglich. Ein guter Teil ging bereits für das Einsprechen von Begrüßungen, Spielernamen, Standardsprüchen etc. drauf, bevor wir zum Eigentlichen kamen. Dann die zweite Überraschung: Wir sollten Bilder kommentieren – ohne Bilder!

Die Arbeit in einer Ton-Kabine kannten wir natürlich vom Fernsehen: Man sitzt vor einem Monitor und kommentiert das, was auf dem Bildschirm läuft, etwa einen Zusammenschnitt für die ARD-Sportschau, für Sky, was auch immer.

Auf dem Bildschirm bei EA-Sports lief aber – nichts! Der blieb einfach schwarz. Ist aber auch logisch. Denn es können ja gar nicht einzelne Szenen vorgespielt werden, weil ja keine exakt der anderen gleicht. Stattdessen bekommt man gewisse Situationen geschildert: Der Ball wird über rechts nach vorne getrieben, dann gibt es die Flanke in den Strafraum, Stürmer nimmt volley ab, hoch drüber. Zu diesen Situationen spricht man fünf, sechs Varianten ein. Hier hat man gewisse Freiheiten, wobei es Ausdrücke gibt, die man auf gar keinen Fall verwenden darf. Das hat zum Teil rechtliche Gründe, zum Teil aber auch – und jetzt, liebe Zocker, wird's interessant, bitte also mal herhören – dramaturgische. Denn ein Spruch in einem Live-Kommentar kann manchmal witzig sein: Der ist ja einen Kopf kleiner als ein Spiegelei, Ratatata, am Ende kackt die Ente, hinten sind die Schweine fett, Gurkendieb und wie die Dinger alle heißen, auf die ich gerne angesprochen werde. Auf gar keinen Fall ist ein Spruch aber witzig, wenn man ihn in einem Computerspiel zum 130sten Mal hört. Das ist nicht nur nicht witzig, das ist sogar total nervig, da kommt der Witz einem aus den Ohren raus.

Mit anderen Worten: wir dürfen beim Kommentieren eines Computerspiels gerade eben nicht besonders originell sein! Das bete ich gebetsmühlenartig runter, wenn mich die

Leute auf den fehlenden Witz bei den Kommentaren ansprechen. Wir wandeln hier auf einem äußerst schmalen Grat.

Viele Zocker behaupten, die Engländer machten das viel besser. Das ist natürlich Quatsch. Die Engländer haben genau solche vorgestanzten Versatzstücke und Sprüche wie wir. Ich behaupte einfach mal, dass viele die englische Version schlicht und einfach deshalb besser finden, weil sie keine Muttersprachler sind und daher nicht alles verstehen. Und dann geht das einem auch nicht so auf die Nerven.

Zur Ehrenrettung aller Kommentatoren von Computerspielen sage ich: So einfach, wie ihr euch das vielleicht vorstellt, ist es nicht. Und wie sagte Ernst Huberty einst? Wenn man 50 Prozent Zustimmung erhält, dann hat man schon ganz viel erreicht.

Bei einem Computerspiel sitzen der Breuckmann und der Buschmann also nebeneinander, kriegen eine Situation geschildert und dürfen dazu ein ganz klein bisschen improvisieren. Eigentlich ist der Text aber so gut wie vorgegeben. Denn es geht darum, Sätze zu finden, die auf möglichst viele Situationen gleichermaßen passen.

Man vergleiche mal ein Spiel an der Konsole mit der sogenannten Fifa-Prognose. Da kommentieren die Kollegen Breuckmann und Buschmann im Wechsel bereits gespielte Partien, kommentieren also auf richtige Bilder. Und dass das nun etwas ganz anderes ist, wird wirklich jeder hören. Nur mit der Realität des eigentlichen Computerspiels hat das nichts zu tun, weil es da ja ein Programm ist, das abgefahren wird.

Ihr Leute daheim, bedenket dies, schaut nach in eurer Konsole, eurem PC und eurer X-Box, ob der Breuckmann und der Buschmann da drinsitzen. Ich aber sage euch, ihr könnt suchen, wie ihr wollt, wir sitzen da nicht drin. Wir kommentieren das Ganze nicht live. Es sind in mühevoller Sprecherarbeit vorproduzierte Sätze, vorgegebene Formulierungen mit leichten Variationen.

Die Computerspiele sind ja mittlerweile auf einem Level angekommen, dass es doch eigentlich unfassbar ist. Hin und wieder kommtes aber zu Szenen wie folgender: Stürmer schießt den Ball aus dem Stadion raus, Buschmann sagt: »Oh, knapp verzogen.«

Man darf, wie gesagt, nie vergessen, dass es eine Computer-Animation ist und kein Live-Kommentar dessen, was gerade im Moment gezockt wird. Obwohl, das gab's ja auch schon. 2013 kommentierte ich das Finale der EA-Bundesliga – live (von EA übrigens im Livestream übertragen), in einem Hochhaus in München, sechs Stunden lang, deutsche Meisterschaft. Wahnsinn.

Aber – mir machte das Spaß! Ich tauchte voll in die Geschichte ein und dachte, okay, die Leute, die so wahnsinnig sind und das jetzt verfolgen, die sollen etwas Vernünftiges bekommen. Wenn ich etwas kommentiere, dann richtig. Natürlich war das kein WM-Finale, aber ich möchte, dass die Leute das Gefühl haben, ernst genommen zu werden. Bei einem Computerspiel? Ja, die Zeiten, das muss ein alter Mann wie ich zugeben, haben sich geändert. Es gibt viele, die das interessiert – in der Spitze hatten wir bis zu 30 000 Zuschauer. Und schwupp, war ich drin in dem Ding. Die Leute lachten sich kaputt, dass ich das kommentierte wie ein Fußballbundesliga-Spiel für eine TV-Station. Aber das ist so meine Herangehensweise, das mache ich bei »Schlag den Raab«, das mache ich bei der Auto-Ball-WM, und das mache ich auch bei einer Live-Übertragung von Computerspielen.

Es ist eine neue Variante im Berufsleben des Sportreporters. Man kann darüber diskutieren, ob man das haben will oder nicht. Aber ich muss mich nicht verstellen, ich tue ich diese Dinge, einfach weil sie mir Spaß machen!

SOCIAL MEDIA

AUCH MEIN SOCIAL-MEDIA-ENGAGEMENT halten viele meiner Kollegen ja für gelinde gesagt übertrieben. Bis Februar 2012 – ja, man kann das relativ genau datieren – hatte ich mit Facebook, Twitter, Instagram oder Youtube so gut wie nichts am Hut. Was interessiert die Leute denn, was ich morgens frühstücke? Ich muss mein Leben nicht nach außen tragen!

Übrigens, dieser Auffassung bin ich im Großen und Ganzen noch immer (auch wenn ich hin und wieder bei Facebook das Bild eines Topfes mit Linsensuppe poste – sie ist wirklich großartig, diese Suppe, dazu weiter unten mehr in einem Extra-Kapitel).

Im Februar 2012 war ich bei einem Basketballspiel in Bamberg. Nach dem Spiel kamen zwei Studenten auf mich zu: »Herr Buschmann, wir haben eine Fan-Seite bei Facebook für Sie eingerichtet.« »Nett, dass ihr mir Bescheid sagt. Werde ich mir anschauen.« Es waren zwei wirklich ganz nette Kerle, ich konnte mir nicht vorstellen, dass dahinter irgendein Schmu steckte, dass sie einen Scherz mit mir trieben. Als ich am nächsten Morgen wieder daheim war, schaute ich also rein bei Facebook. Einen privaten Account hatte ich auch, aber der lag mehr oder weniger brach, wurde überhaupt nicht frequentiert. Wie gesagt, Facebook nutzte ich bis dahin nicht; mit meinen Freunden, also meinen wirklichen Freunden, kommunizierte ich direkt, per Telefon, per SMS oder mal per Email. Aber nicht via Facebook. Das ist übrigens auch heute noch so.

Als ich nun die Fan-Seite anklickte, stieß ich auf ungefähr viereinhalbtausend Freunde. Eigentlich unfassbar. Nachdem ich gelesen hatte, was die Leute so schrieben, setzte ich mich mit den beiden Jungs in Verbindung, meldete mich selbst als Administrator an und betrieb die Seite fortan selber.

Anfangs war ich relativ zurückhaltend, merkte aber schnell, dass die Leute meine Kommentare zu Sportereignissen und ab und an auch zur TV-Unterhaltung, wo ich inzwischen ebenfalls tätig war, gerne lasen. Offensichtlich schätzten sie es, wenn ich meine Meinung vertrat, klare Kante zeigte.

Immer öfter antwortete ich auf die Kommentare zu meinen Posts, äußerte ich mich zu dem, was die Leute mir schrieben. Ich finde nicht, dass es Ziel sein kann, sich mit irgendwelchen Plattitüden anzubiedern, nur um möglichst viele Likes zu erhalten. Nur ja möglichst viele Fans, Freunde, Follower zu bekommen – das war, ob man es jetzt glauben mag oder nicht, nie meine Intention.

Mit der Zeit entwickelte sich ein reger Austausch. Bald merkte ich, das interessiert nicht nur relativ viele Fans, sondern auch viele Sportler. Während der olympischen Sommerspiele 2012 in London gab es, wenn ich mich recht erinnere, in den ersten Tagen für die deutsche Mannschaft keine Medaillen. Sogleich ging das Wehklagen wieder los, von den Medien angefeuert, in der Öffentlichkeit weitergetragen: Schon wieder keine Medaillen, schon wieder versagt ...

Nehmen wir mal an, du bist Leichtathlet und wirst in deiner Disziplin Sechster. Das heißt, du hast den Endkampf erreicht und bist der Sechstbeste der Welt – und am Ende ein Versager, weil du keine Medaille geholt hast? Das hat mich total genervt. Und das äußerte ich jetzt, während der Olympischen Spiele, in einem Post. Der Eintrag geriet relativ lang, allen Facebook-Gesetzen, die die sogenannten Experten immer raushauen, zum Trotz. Als Administrator kann man erkennen, wie viele Menschen einen Beitrag lesen: es waren über 100 000, obwohl ich zu diesem Zeitpunkt vielleicht 40 000 Fans auf der Seite hatte. Das Ding verbreitete sich durch Teilen. Schließlich erhielt ich sogar eine Anfrage aus London von der Athleten-Vereinigung, die meinen Post in ihrer täglichen Olympia-Postille abdrucken wollten.

Ich hatte mich unter anderem zu den Tischtennis-Leistungen von Boll und Ovtcharov geäußert und an die Leute appelliert, diese mal bitte schön etwas mehr zu würdigen. Ich war gerade im Urlaub in Griechenland, hockte in einem dieser Plastikstühle auf der Terrasse bei meinem Freund Theo (der ganz neu WLAN eingerichtet hatte, damit ich Wahnsinniger auch im Urlaub arbeiten konnte), als ich die Reaktionen auf diesen Post mitkriegte. Da wurde mir endgültig bewusst, Mensch, Facebook ist durchaus mit Journalismus vereinbar, hier kannst du was bewegen.

Und so bekam ich immer mehr Spaß daran, mich zu Themen aus dem Sport zu äußern, durchaus auch kontrovers. Vielleicht übertreibe ich es hin und wieder, aber das reguliert sich von selbst, die Leute sind sensibel und reagieren kritisch. Mittlerweile sind es fast 250 000 Fans, die sich auf meiner Seite tummeln.

Inzwischen werde ich gedrängt, Facebook-Schulungen anzubieten. Das halte ich aber für Quatsch. Ich kann keine Firma ermuntern, sich genauso besessen in den sozialen Netzwerken zu bewegen wie ich. Denn ich vertrete mich persönlich und meine eigene Meinung und nicht irgendein Produkt, irgendeinen Sender, irgendeine Firma. Ich muss nicht alles gut finden, über das ich schreibe. Das ist ein Riesenunterschied.

Manchmal erreicht mich der Vorwurf, ich würde viel zu viel auf die Posts der anderen Leute auf meiner Seite eingehen, mich bei ihnen rechtfertigen. Da entgegne ich: Ne, genau das eben nicht. Ich möchte die Leute draußen ja ernst nehmen, möchte, dass sie sich ernst genommen fühlen.

Ich registriere sehr wohl, dass die es spannend finden, wenn man ein bisschen aus dem Nähkästchen plaudert. Dabei ist klar, dass ich aus meinem Privatleben nichts wirklich preisgebe. Da müsste ich ja wahnsinnig sein. (Leider sind ja viele Wahnsinnige in den sozialen Medien unterwegs.) Aber die Leute teilhaben zu lassen an dem, was ich eh in der Öffentlichkeit tue, also an meinem Job, und vielleicht ein bisschen drüber hinaus, das finde ich völlig in Ordnung. Für mich funktioniert das nur so. Wie andere damit umgehen, ist eine völlig andere Geschichte.

Ein Medium, um sich dermaßen intensiv mit Fans direkt auszutauschen, gab es bis vor ganz Kurzem ja gar nicht. Da bekam man vielleicht ab und zu ein paar Mails. Natürlich muss man das richtig einordnen. Leute, die meine Fan-Seite *liken*, die mögen an sich, was ich tue. Es ist sozusagen Facebook-immanent, dass man eher Honig ums Maul geschmiert als Kritik an den Kopf geworfen bekommt auf. Es sind im Großen und Ganzen Fan-Seiten. Ich erfahre aber auch wüste Beschimpfungen bei schwierigen Themen.

Leute, die nichts für Social Media übrig haben, kritisieren, das sei eine Parallel-Welt, die dürfe man überhaupt nicht ernst nehmen. Da bin ich durchaus anderer Meinung. Ich habe zum Beispiel den Eindruck, dass die Umgangsformen auf meiner Facebook-Seite sehr korrekt sind. Du kannst nie ausschließen, dass sich Leute melden, die völligen Quatsch schreiben, der unter die Gürtellinie zielt. Aber dafür gibt es ja die Funktion rausschmeißen, blockieren, löschen, und dann ist das Thema wieder von der Seite runter.

Dazu muss man allerdings alles lesen. Auch das möchte ich an dieser Stelle aufklären, weil mir das viele nicht glauben. Ich lese wirklich jeden Post – na ja, fast jeden. Es kann immer mal wieder passieren, dass ich drei Tage nicht reingucke und dann in der Nacharbeitung nicht die Reaktionen auf alles, was ich geschrieben habe, überprüfe. Aber ich würde von mir behaupten, 90 bis 95 Prozent sind es schon. Ich bekomme mit, wenn etwas ausufert. Leute, die sich nicht benehmen, haue ich raus. So hat sich eine Diskussionskultur entwickelt, bei der es durchaus auch mal zur Sache geht, die aber fast immer auf Respekt basiert und die Regeln der Höflichkeit beachtet.

Ein Beispiel: Nachdem der Wechsel von Mario Götze von Borussia Dortmund zum FC Bayern publik geworden war, brachen alle Dämme. Enttäuschte Dortmund-Fans posteten auf Götzes Facebook-Seite Kommentare wie: Er möge sich beide Beine brechen (was noch das Harmloseste war). Ich fand das vollkommen schockierend und schrieb das auch auf meiner Seite, mit ziemlich deutlichen Worten. Dieser Beitrag wurde der bis heute meistbeachtete. Zu diesem Zeitpunkt hatte ich um die 90 000 Fans, gelesen haben ihn durch zigfache Teilung über eine Million Menschen!

Ein anderer Fall ist Stefan Kiessling. Nach seinem berühmt-berüchtigten Phantom-Tor für Leverkusen in Hoffenheim sah er sich am Ende genötigt, seine Facebook-Seite dichtzumachen, dermaßen wüst wurde er beschimpft und bedroht. Ich will mich mit so etwas nicht abfinden. Bin ich naiv? Nicht selten bekomme ich zu hören: »Reg dich nicht auf, das ist eben so.« Ja, Freunde, wenn immer alles so ist, dann lege ich mich in die Kiste. Weil es nicht sein kann, dass man sich mit allem abfindet, zumal dann nicht, wenn man in der Öffentlichkeit agiert. Für seine Meinung sollte man ruhig ein bisschen Energie aufwenden.

Und was springt beim Thema Social Media für mich monetär raus? Das ist ja keine unberechtigte Frage. Natürlich generiere ich mitunter Einnahmen mit Facebook. Aber wenn ich Werbung auf meiner Seite platziere, dann ist das kein Selbstzweck, dann steht etwas dahinter. »50 Jahre Bundesliga in einem Spielzug«, eine Kampagne, präsentiert von Coke Zero – die Videos fand ich einfach geil! Warum sollte ich die nicht auf meiner Facebook-Seite posten, zumal ich sie ja kommentiert habe. Und wenn ich damit ein bisschen Geld verdiene, ist das in meinen Augen nichts Schlimmes.

Oder die Aktion »Stollenstrolche – Deutschlands tollste Kinder-Tore«: So was macht einfach gute Laune. Ins Leben gerufen und bezahlt von der Telekom – was in Gottes Namen ist schlimm daran, wenn die Telekom dabei genannt wird, so lange die Seite nicht durch Werbebanner komplett verseucht ist? Oder Promotion in eigener Sache, für den Video-Kanal oder das Buch – dazu stehe ich.

Ja Freunde, ganz ehrlich, bei aller Kritik: Wem das alles überhaupt nicht passt, der muss der Seite doch nicht folgen. Aber dass ich die Leute, die sich für die Arbeit eines Sportreporters interessieren, auf Dinge aufmerksam mache, die mir am Herzen liegen, Facebook in diesem Sinne auch als Marketinginstrument nutze – also in Gottes Namen, da kann für meinen Geschmack überhaupt niemand was dagegen haben.

Ich hoffe, ich kann den täglichen Wahnsinn noch lange weiterleben. Es ist schon so: wenn ich mal aus Jux und Tollerei einen Topf Linsensuppe poste und schreibe: »Das gibt es heute Abend, ich freue mich drauf«, dann bekomme ich dafür 5000 Likes. Mittlerweile ist das ein Running Gag. Man kann natürlich sagen, das ist bloßer Klamauk, vollkommen irrelevant. Aber solange dieser Klamauk nur 0,5 Prozent meiner Posts ausmacht, driftet das sicherlich nicht insgesamt ins Belanglose ab. Ich halte meinen nackten Popo nicht in die Kamera und lichte nie meine Familie ab. Es gibt klare Grenzen. Und all denen, die sagen, das ist doch alles Käse und unseriös, entgegne ich: Was ist daran bitte unseriös, einfach ein bisschen Spaß zu haben.

Ja, für mich ist Facebook zuallererst ein Instrument, das extrem viel Spaß macht – nein, wir sprechen hier noch nicht von Sucht – und das durchaus auch im Job das eine oder andere bringen kann.

Twitter ist irgendwann ebenfalls dazugekommen. Viele finden Twitter ja besser. Aus meiner Sicht ist Twitter etwas völlig anderes. Es geht unheimlich schnell und aktuell zur Sache und man kommt an unglaublich viele Informationen. Genauso nutze ich es: als Informationsmedium. Schneller, kurzer Austausch, 140 Zeichen für einen Tweet müssen reichen. Das ist dann schon anders als bei Facebook, wo ich manchmal Romane schreibe.

An dieser Stelle ein dickes Sorry an alle Twitter-Freaks, denn, ja, ich habe beides verlinkt, vernetzt. Meine Facebook-Posts kommen automatisch auch auf Twitter an. Und weil die oft, eigentlich fast immer, mehr als 140 Zeichen umfassen, sind sie für Twitterer meist ein No-Go. Aber darauf kann ich keine Rücksicht nehmen. Mittlerweile verfasse ich auch separate Tweets, wenn es um Sportmeldungen geht. Aber generell lasse ich mir nicht vorschreiben, wie ich meine Social-Media-Aktivitäten zu gestalten habe.

Viele Kollegen sind mittlerweile ebenfalls auf Facebook unterwegs. Wenn ich da so an meine Anfänge zurückdenke, wo mich viele für bescheuert erklärten ...

Noch ein Wort abschließend zum Thema: Wenn man nicht wirklich dahintersteht, wenn man das nicht mag, Social Media, dann sollte man es auch lassen. Nur halbherzig oder propagandamäßig so was zu betreiben und die Reaktionen der Leute zu ignorieren – nein, dann sollte man es besser lassen. Social-Media ist ein schönes Instrument. Aber entscheidend ist immer noch der Mensch, der dahintersteckt. Und das ist gut so.

EM IM NETZ

DAS INTERNET HAT DIE Sportberichterstattung, vor allem die Live-Berichterstattung, extrem verändert. Viele Sportarten sind hierzulande aus dem Blickfeld der TV-Sender verschwunden. Die Sender wollen oder können sich diese Sportarten nicht mehr leisten, die daher ins Netz abgewandert sind.

Die amerikanische Profi-Liga NBA etwa. 2012 erwarb Spox mit der Mutter Perform Group die Rechte für die nordamerikanische Profi-Basketball-Liga im Internet, und zwar mit deutschsprachigem Kommentar.

Auf diese Weise kam ich wieder ins Spiel – nach über zehn Jahren, in denen ich die NBA nicht mehr als Live-Kommentator begleitet hatte! Denn der Chefredakteur von Spox, Haruka Gruber, erinnerte sich an mich. Selbstverständlich war ich in Sachen NBA auf dem Laufenden. Insofern hatte Gruber vollkommen richtig gedacht. Ich ergriff die Gelegenheit nur allzu gerne beim Schopfe, zumal der Job zu einer vernünftigen Zeit stattfinden sollte, nämlich am Sonntagabend. Letzteres war für mich übrigens entscheidend. Mitten in der Nacht NBA live zu kommentieren – das hätte ich mir nicht mehr unbedingt antun wollen.

Das möchte ich an dieser Stelle mal allen Fans erklären: Ich bin mittlerweile in einem fast biblischen Alter, habe nicht nur den Beruf, sondern auch eine Familie. Es ist für mich keine ganz so großartige Vorstellung mehr, mir halbe Nächte in einem Kellerraum um die Ohren zu schlagen. Dagegen meiner Lieblingsbeschäftigung ganz komfortabel sonntagabends nachzugehen, das hat was.

Also ließ ich mich auf dieses, wie sich bald herausstellte, Abenteuer ein. Die erste Überraschung war, dass die Übertragung der amerikanischen Basketball-Liga in Deutschland – aus England kommen sollte. Das Hauptquartier der Perform Group mit den technischen Voraussetzungen für Internet-Livestreams befand sich nämlich in Feltham in der Nähe des Londoner Flughafens Heathrow. Na toll, dachte ich, doch nicht alles so easy. Zweimal im Monat von sonst wo (wo ich gerade für Liga Total oder »Schlag den Raab« unterwegs war) den Flieger besteigen und für ein paar Stunden nach London düsen ... Schließlich rückte mein erster Einsatz näher und ich flog nach England. Die Firma befand sich in einem großen Bürotrakt. Man führte mich durch ungefähr 27 Gänge in einen Raum, in dem 18 Kommentatoren dicht an dicht hockten, getrennt nur von spanischen Wänden. Auf den Bildschirmen liefen die unterschiedlichsten Sportarten, alle redeten gleichzeitig, in verschiedenen Sprachen, es ging zu wie in einem Hühnerstall.

Was noch auffiel: Die Kollegen hielten ihre Mikrofone

in der Hand. Ich kannte eigentlich nur Headsets, also Kopfhörer mit einem Mikrofonbügel, sodass man die Hände frei hatte. Mir wurde erklärt, und ich verstand es sogar, dass diese Mikrofone sehr wichtig seien. Wenn man mit dem Mund ganz dicht ans Mikrofon ging und sehr deutlich sprach, ließ sich das Stimmengewirr der Kommentatoren-Kollegen herausfiltern.

Funktionierte tatsächlich. Es waren übrigens die gleichen Mikrofone, die während der Fußballweltmeisterschaft 2010 im Kampf gegen die legendären Vuvuzelas eingesetzt worden waren. Wie komme ich jetzt auf die Fußball-WM 2010? Ja, über den Lärm im Hühnerstall und die Mikros, durch die ich nach zwei Stunden immer einen tauben Daumen vom Drücken auf den Knopf hatte ...

Schließlich mein erster Einsatz, mein erstes Live-Spiel für Spox: Boston Celtics gegen Miami Heat. Paul Pierce, Kevin Garnett, Rajon Rondo gegen Dwayne Wade, LeBron James, Chris Bosh. Es war früher Sonntagabend. Ich setzte die Kopfhörer auf, griff zum Mikrofon und fing an. Das Spiel ging in die Verlängerung, entwickelte sich zum absoluten Krimi. Es dauerte nicht lange, und ich war wieder On Fire, ging mit und flippte aus. Ich fühlte mich wie im Stadion. Alles war gut.

Chefredakteur Haruka Gruber filmte mich während der heißen Phase mit dem iPhone und stellte die Bilder auf der Spox-Seite ins Internet. Sogleich war es wieder da, das Gerede vom wahnsinnigen Sportreporter. Ziemlich viele Menschen verfolgten das Spiel und den Kommentar, auch Themas Müller und Bastian Schweinsteiger vom FC Bayern, die sich gerne auf der Spox-Seite herumtrieben. Bastian Schweinsteiger ist ja ein richtig großer Basketball-Fan. Kurze Zeit später übertrugen wir zusammen ein Heimspiel der Basketballer des FC Bayern München. Weiter oben habe ich bereits davon erzählt.

Ich kommentierte auch die NBA-Saison 2013/2014 für Spox, allerdings nicht mehr von Feltham bei London, sondern von München aus (die Voraussetzungen dazu waren zum Glück irgendwann geschaffen worden, was die Sache doch ungemein erleichterte). Ich finde es Klasse, dass die Fans auf diese Weise ohne Extrakosten zu einer fantastischen Zeit Basketball geboten bekommen. Das sind so Möglichkeiten im Internet ... Noch vor wenigen Jahren hatte ich vehement darüber geschimpft. Nun, das hat sich leicht geändert.

Für die Basketball-Europameisterschaft 2013 in Slowenien ergab sich ein völlig neues Übertragungsmodell. Die ARD erwarb die Rechte an den Auftritten der deutschen Basketballer. Aus programmtechnischen Gründen wollte oder konnte man aber nicht alle fünf deutschen Vorrundenspiele zeigen. Zwei Spiele sowie der komplette Rest, insgesamt 16 weitere Partien, darunter Viertelfinals, Halbfinals und das Endspiel, gingen an die Perform Group und wurden auf Spox übertragen. Für mich als Basketball-Kommentator ein Glücksfall. Drei Wochen Slowenien direkt dran und live.

Gleich das erste Spiel, das ich kommentierte, war der legendäre Sieg Deutschlands über den späteren Europameister Frankreich, gespickt mit NBA-Stars wie Nicolas Batum, Boris Diaw, Toni Parker. Alle Beobachter waren sich vor Turnierbeginn einig: Keine Chance für die deutsche Mannschaft. Ein paar Tage vor Turnierauftakt saß ich mit Bundestrainer Frank Menz zusammen. Im Gegensatz zu den meisten anderen räumte ich unseren Jungs durchaus eine Chance ein, die Franzosen, Vize-Europameister von 2011, zu besiegen. Denn die wüssten noch nicht, wo sie stehen, und würden Außenseiter Deutschland ohne Nowitzki, ohne Kaman, ohne Schröder, ohne Harris, ohne Ohlbrecht möglicherweise unterschätzten. Frank Menz meinte, ihm wäre es lieber, wenn es zum Auftakt gegen einen der anderen, vermeintlich schlagbaren Gegner ginge. Gegen die Ukraine, Belgien, Großbritannien oder Israel würden sich die Jungs wenigstens einspielen können. Das sah ich anders, ich dachte, Frankreich sei gut für die Motivation, das würde einen Extra-Schub geben.

Bis kurz vor dem Spiel kamen Journalistenkollegen zu mir, um mit mir über die Höhe der Niederlage zu wetten. Ich dachte, naja, wenn es unter zehn Punkte sind, ist es ein guter Auftakt für die deutsche Mannschaft, dann kann sie trotzdem mit Selbstvertrauen in die nächsten Spiele gehen. Aber dann legten sie los wie der Teufel. Sie lieferten eine fantastische, eine der besten Leistungen einer deutschen Basketballmannschaft in den letzten Jahren ab. Und das ohne die Überfigur Dirk Nowitzki. Im ersten Viertel führten die Deutschen relativ schnell mit 10 Punkten, sie hielten die Franzosen auf Distanz, gingen mit einer Führung in die Halbzeitpause, führten im dritten Viertel noch. Dann kam die Phase, in der Frankreich aufdrehte, vor allem in Person von Nicolas Batum von den Portland Trailblazers. Und plötzlich lagen die Franzosen knapp vorn. Ich dachte, okay, das läuft, wie es immer läuft. Der Außenseiter spielt richtig gut, führt, hält relativ lange mit, und am Ende verliert er dennoch.

Aber – so war es diesmal nicht. Ich tobte auf der Tribüne. Das kann doch nicht wahr sein, ja, ja, ja, ja, ruhig bleiben, ruhig bleiben. Wie ich als Unparteiischer auf meine typisch gelassene Art eben Basketballspiele der deutschen Nationalmannschaft kommentiere ... Die Deutschen kamen zurück. Heiko Schaffartzki mit einer Klasseleistung im Spielaufbau. Elf Assists konnte er in diesem ersten Spiel gegen Frankreich verbuchen. Traf auch gut von draußen. Lucca Staiger, exzellenter Werfer, Dreier drin. Robin Benzing vom Parkplatz, wie ich immer zu sagen pflege, wenn es ganz weit hinter der Dreier-Linie ist: drin.

Am Ende schlug Deutschland zum EM-Auftakt Frankreich 80:76. Wie geil war das denn?! »Hier ist richtig was drin«, jubelte ich, »die Gruppe ist machbar. Wer Frankreich schlägt, der kann auch die Ukraine, Belgien, Großbritannien und Israel packen.«

BUSCHFEUER AUF DER TRIBÜNE BEI
DEUTSCHLAND – FRANKREICH

6 Minuten 16 Sekunden noch. Unentschieden. Komm, hau die beiden rein, Ausgleich, und alles is gut, alles is drin hier ... Sie schnuppern, sie schnuppern an der großen, großen Überraschung. Und jetzt die Freiwürfe ... verschossen jetzt. 65:65, 4,40 noch. Schlechter Ball, aber Günther kriegt ihn nicht. Da kann er nichts machen, da rechnet er nicht mit ... Wir sind jetzt so langsam, aber sicher in der Crunch Time, in der Money Time – schöner Pass! Und Hieber haut ihn rein! Das is doch vielleicht 'n Zeichen! Jetzt macht er 'n Mal, jetzt stopft er ihn! Wie die Kurze, vorhin auf der Tribüne, die träumt schon lange, wir fangen jetzt auch an. – Ich hab doch gedacht, das dauert noch, bis, bis gegen Belgien, Ukraine, und wie se alle heißen. – Komm – ne, schade. Weiter, weiter, jetzt lief es wieder. Ballgewinn – tolles Ding! Boah, jetzt hatta, jetzt hatta genau das umgesetzt, was der Coach gesagt hat. Staiger für drei – komm, komm! Komm! Komm! Komm!! Komm!!! Komm!!! Ausgleich! Mein Gott ... Das hält doch kein Mensch aus, das gibt's doch gar nicht. Was soll das denn – was soll'n das denn für drei Wochen werden hier! 72:72. Drauf auf den Parker. Ball ist bei Deutschland! Die – müssen jetzt komplett raus – die Turn-Over ... Wieder für drei – Staiger! Staiger! Für drei. RATATATATA!!! Bitte bitte, bitte bitte bitte. Die letzten 50 Sekunden eines Basketballkrimis in Ljubljana – kein blödes Foul – 35 Sekunden im Basketball – dat is so lang ... 's wird Zeit – Benzing. Komm Robin, komm Robin! Jaa! Jaaa!! Jaaaa!!! Benzing! Mit dem Dreier! Benzing mit dem Dreier! Ich werde bekloppt ... Das is Wahnsinn, was hier gerade passiert. Lass ihn den meinetwegen machen, aber der is kurz – ich glaube, ich glaube, die Riesenüberraschung wird wahr, 13 Sekunden noch – Freunde, Freunde, Freunde, und was bin ich? Überhauptnichmehrruhig. Die gewinnen gegen Frankreich, den Auftakt bei dieser WM, da hab ich schon 'n Grinsen gesehn beim Robin. Jungs: Ganz, ganz großes Kino! Ganz großes Kino ...

Pustekuchen, konnte man nicht. Trotzdem, es war ein toller Auftakt, der zeigte, was in dieser Mannschaft steckt, was sie zu leisten imstande ist. Aber, ich muss hier mal Schweinchen Schlau spielen, ich hatte bereits unmittelbar nach dem Sieg gewarnt, und zwar nicht, weil ich Berufspessimist bin. Ich wusste: das nächste Spiel wird ganz schwierig. Trotz allem Selbstvertrauen. Die Spieler Robin Benzing und Niels Giffey wiegelten zwar ab: »Ne, ne, der Trainer hat uns schon in der Kabine gewarnt, jetzt die Belgier nur nicht unterschätzen, wir sind voll fokussiert, das passiert uns nicht.« Aber ich hatte da so ein blödes Gefühl.

Dass es dann im zweiten Gruppenspiel gegen Außenseiter Belgien tatsächlich schiefging, war umso ärgerlicher, als das Spiel von der ARD übertragen wurde: Jetzt wurde ein Basketballspiel schon mal auf einem öffentlich-rechtlichen Sender am Nachmittag live gezeigt, und dann war es ein total schlechtes Spiel, das mit einer Niederlage endete. Und all die Euphorie vom Auftaktsieg gegen Vize-Europameister Frankreich – puff, wie weggewischt. Das macht ja keine Mannschaft, kein Spieler extra, aber das war ein sehr frustrierender Moment für den deutschen Basketball.

Das nächste Spiel war wieder bei uns, bei Spox. Na gut, dachten wir, die Leute wird hoffentlich interessieren, ob die Mannschaft die Wende schafft. Es ging gegen die Ukraine, betreut vom ehemaligen NBA-Coach Mike Fratello. Absolut schlagbar, keine Über-Mannschaft. Vielleicht kriegte die deutsche Mannschaft ja die Kurve, überstand die Gruppenphase.

Wieder ein spannendes Spiel, ein Krimi, aber mit umgekehrten Vorzeichen wie gegen Frankreich. Die Mannschaft lief einem Rückstand hinterher, drehte die Partie im letzten Viertel. Dann gab es zwei, drei individuelle Fehler, und das Spiel gegen die Ukraine ging doch noch verloren. Wir waren am Boden zerstört. Es war aber noch nicht der Tiefpunkt. Der folgte im Spiel gegen Großbritannien, wieder in der ARD. Das verlor die deutsche Mannschaft auch noch, um im abschließenden, jetzt schon bedeutungslosen Gruppenspiel Israel zu schlagen. Die deutsche Mannschaft war aus dem Turnier geflogen, ohne eine weitere Duftmarke zu setzen.

Für Spox ging es in Ljubljana freilich weiter. Immer, wenn die eigene Mannschaft ausscheidet, denken die Leute, okay, das war es. Das Interesse erlischt. Für mich ging es jetzt erst eigentlich los. Zum Glück kam es zu einem der denkwürdigsten Spiele bei Europameisterschaften überhaupt: Die übermächtigen Spanier, Europameister von 2009 und 2011, Finalteilnehmer bei den Olympischen Spielen 2008 und 2012, jeweils knapp den USA unterlegen, spielten im Halbfinale gegen Frankreich. Hatten die Spanier einige Personalsorgen, so mussten die Franzosen mit der mentalen Bürde antreten, in den Jahren zuvor jedes entscheidende Spiel gegen Spanien verloren zu haben.

Die Spanier waren von Beginn an extrem fokussiert und bärenstark in der Verteidigung. Frankreich fand überhaupt keine Mittel. Nur Toni Parker, dreifacher NBA-Champion von den San Antonio Spurs, hielt dagegen. Alles deutete darauf hin, dass die Franzosen erneut scheitern würden. Zur

Pause lagen sie relativ klar zurück. Aber dann drehte sich das Spiel. Frankreich traf plötzlich alles. Batum mit einer sensationellen Leistung, Parker alles überragend. Es war eine Augenweide. Und ich muss ganz ehrlich sagen, für mich war nicht mehr entscheidend, ob eine deutsche Mannschaft involviert war oder nicht. Auch hier flippte ich aus. Weil dieses Spiel so großartig war, weil dieser Sport so viel bietet.

Die Franzosen gewannen nach Verlängerung gegen Spanien und anschließend auch das Finale gegen die chancenlosen Litauer.

Noch eine kleine Anekdote zum Thema Internet bei dieser Europameisterschaft: Während eines der Spiele bekam ich mit, wie der Beauftragte des Welt-Basketballverbandes Paul Stimpson hinter uns rumsprang und nervös auf die Kollegen einredete. Da ich live drauf war, konnte ich mich nicht drum kümmern. Erst in einer Auszeit nahm ich mein Headset ab und fragte, was los sei. Haruka Gruber sagte: Kann sein, dass die uns gleich den Saft abdrehen, wir sind nicht Geo-geblockt. Offensichtlich konnte man uns hier in der Halle in Slowenien übers Internet empfangen, was aufgrund der besonderen Vertragssituation mit TV-Partnern nicht hätte sein dürfen. Letztendlich übertrugen wir das Spiel zu Ende, aber es gab anschließend wilde Diskussionen. Paul Stimpson rief immer wieder: »Das geht so nicht, das geht so nicht, das geht so nicht!« Bis irgendwer auf die Idee kam, dass der Sitz der Fiba ja in der Schweiz sei und dass er eventuell über seinen Account in der Schweiz, die nicht Geo-geblockt war, eingeloggt sei. Ich gebe nur wieder, wie es mir erklärt wurde. Solche Dinge verstehe ich nicht. Aber so soll es gewesen sein.

Nun, wenn ich die Kopfhörer auf-, das Mikrofon in der Hand habe, dann konzentriere ich mich eh aufs Geschehen, dann bin ich in einem Tunnel. Dann geht die Luzi ab. Dann ist mir übrigens völlig egal, ob ich fürs TV, fürs Internet oder sonst was kommentiere. Dann gibt es nur den Sport.

SUPERBOWL

MANCHMAL LÄSST MAN das Telefon besser klingeln, geht lieber gar nicht erst ran. Manchmal gibt's aber auch Anrufe wie denjenigen Ende 2011.

Es war Sven Froberg, der damalige Sportchef von SAT 1. Er hatte frohe Kunde, verpackt in eine Frage: »Buschi, hör mal, hättest du nicht Lust, zusammen mit Jan Stecker den Superbowl 2012 zu kommentieren?« Jan Stecker, Quarterback, ehemaliger deutscher Football-Nationalspieler, kannte ich aus gemeinsamen Tagen beim DSF. Von daher fand ich das schon mal eine gute Idee. Zudem hatte ich seit den 80er-Jahren eine gewisse Affinität zum US-Sport, nicht zuletzt durch meine Tätigkeit als NBA-Live-Reporter, was Sven Froberg natürlich wusste. Auch die Faszination des American Football war mir nicht verschlossen geblieben. Das größte Einzelsport-Ereignis der Welt, denn dies ist der Superbowl, live zu kommentieren, das war an sich schon eine reizvolle Herausforderung für jeden Sportreporter. Froberg dachte wohl auch, wenn einer es schafft, die Leute für diese Randsportart, die Football in Deutschland nun mal ist, nachts am Fernsehschirm zu halten, dann der Buschi mit seiner emotionalen Art.

Das war wie eine Steilvorlage für mich. In den nächsten Monaten freute ich mich dreimal am Tag, dass ich nach Indianapolis fliegen durfte, um dort das Spiel zwischen den New England Patriots und den New York Giants zu kommentieren. Die Partie war gleichzeitig das Duell zweier herausragender Quarterbacks: Des erfahrenen, mit dem ehemaligen brasilianischen Topmodel Giselle Bündchen liierten Tom Brady von den Patriots, der nicht nur den Sport, sondern auch die Klatschspalten im Griff hatte, und des aus einer Footballverrückten Familie stammenden Passverteilers, Regisseurs, Denkers und Lenkers Eli Manning von den New York Giants.

Leider hatte SAT 1 erst relativ spät die Rechte erworben, sodass wir uns nicht rechtzeitig um ein Hotel kümmern konnten und in der Peripherie landeten. Die Hotels, die sich in der Nähe des Lucas Oil-Stadiums oder Downtown Indianapolis befanden, waren entweder komplett ausgebucht oder absolut überteuert. Das war nicht ganz so komfortabel, aber auf der anderen Seite: Ich war so auf das Ereignis fixiert, dass ich drüber hinwegsehen konnte (was einige Leute heute noch bestreiten werden). An sich lehne ich es, zumal mit fortschreitendem Alter, nämlich nicht ab, es ein bisschen nett zu haben. Gar nicht um des Luxus willen, sondern um mich optimal auf die Arbeit konzentrieren zu können.

Jetzt war ich immerhin froh, dass ich Jan Stecker wieder neben mir hatte, denn der war tags zuvor abhanden gekommen. Am Tag vor dem Superbowl hatte es plötzlich geheißen, er müsse sich beim FBI melden, er sei »flagged by the FBI«, irgendwas sei nicht in Ordnung. Gottseidank stellte sich das als Missverständnis heraus. Aber ein bisschen nervös waren wir schon geworden.

Der Superbowl ist eine gigantische Show, wie sie nur die Amerikaner hinkriegen. Allein über 60 TV-Kameras waren im Einsatz, so viele, wie selbst bei großen Fußballspielen oder bei NBA Finals nicht. Ein solches Mega-Ereignis zu kommentieren, ist ein schmaler Grat, zumal wenn es für ein deutsches Publikum ist, dem das Spiel mehr oder weniger fremd ist. Man muss den Leuten hierzulande zumindest die Grundzüge des Regelwerks erklären. Von sagen wir einer Million Fernsehzuschauer sind es vielleicht 20 000, die sich mit American Football auskennen. Der Rest hat relativ wenig Ahnung, von den Regeln, von der Taktik, von den Spielzügen. Und da muss man die Mischung finden, auf die Freaks im Zweifel verzichten. Denn man möchte ja auch Nicht-Experten in irgendeiner Form am Fernsehschirm halten, und zwar mitten in der Nacht.

Ich war als sogenannter *Play by Play* engagiert. Die Amerikaner bezeichnen damit den Kommentator, der die Zuschauer emotional mitnimmt, in erster Linie, indem er das erläutert, was auf dem Spielfeld geschieht. Daneben gibt es den *Colour*-Kommentator, der als Experte Spielszenen analysiert, Einschätzungen und Wertungen abgibt. Das ist so die klassische Rollenverteilung des Doppelkommentars in den USA, die auch hierzulande zunehmend Nachahmung findet. Auch wir wollten das so machen.

Ohne hier den gesamten Spielverlauf zu schildern, war es ein bis zur letzten Sekunde spannender Superbowl. Etwas überraschend gewannen die New York Giants gegen die favorisierten New England Patriots 21:17.

Hinterher gab es aus Football-Kreisen harrsche Kritik an unserer Kommentatoren-Leistung. Bestimmt nicht ganz zu Unrecht. Da waren sicherlich einige Fehler drin, überhaupt keine Frage, auch der Aufbau der Sendung war verbesserungswürdig, das wussten wir selber. Wir nahmen uns die Kritik durchaus zu Herzen. Aber der Reihe nach.

Das Spiel war spannend gewesen, die Einschaltquoten hatten die Erwartungen übertroffen. Einigermaßen beseelt stieg ich zwei Tage später in den Flieger, der uns zurück nach Deutschland brachte. Im Gepäck mit dabei eine Ausgabe der USA Today vom Tag nach dem Match. Ich wollte überprüfen, wie aus US-amerikanischer Sicht bewertet worden war, was wir im Lucas Oil Stadium live kommentiert hatten.

Nachdem wir in Deutschland gelandet waren und feststellen mussten, dass wir in Fachkreisen ziemlich zerrissen worden waren, schaute ich mir daraufhin das Spiel in unserer Kommentierung noch einmal an. Schritt für Schritt verfolgte ich die einzelnen spielentscheidenden Szenen, also diejenigen, die zu Punkten führten, zu Ballverlusten usw. Anschließend verglich ich unsere Einschätzung und unseren Kommentar mit dem ausführlichen Spielbericht in der USA Today. Und Ei der Daus: unsere Bewertung dieser Szenen deckte sich zu 95 Prozent mit denjenigen der US-Amerikaner. Ich war selbst ein bisschen überrascht, es war ja mein erster Superbowl-Live-Kommentar gewesen.

Also, so schlecht kann das nicht gewesen sein, was wir über den Äther rausgehauen hatten. Dennoch, man sollte Kritik immer ernst nehmen. Und wie gesagt, so manches, was wir hätten besser machen können, fiel mir im Nachgang auch auf. Ich nahm mir vor, fürs nächste Jahr einiges zu ändern.

So kam es dann auch. Der Superbowl Jahr 2013 sollte ein ganz besonderer werden. Zum einen fand er in New Orleans statt, der Stadt, die im August 2005 durch den Wirbelsturm Katrina, man kann wirklich sagen: heimgesucht worden war. Die Ausrichtung des Superbowl in New Orleans tat der Stadt gut, damit rief sie sich ins Bewusstsein der Öffentlichkeit zurück.

Die Atmosphäre im Big Easy, wie New Orleans auch genannt wird, ist einfach unglaublich. Jeden Abend ist Party. Du stolperst von einer Kneipe in die andere, in jeder gibt es Live-Musik. Für Übertragungen großer Sportereignisse ist das Atmosphärische, das Flair, das Drumherum immens wichtig. Als Kommentator saugt man das alles automatisch auf, es prägt die Stimmung. Und Football ist auf jeden Fall mehr als ein Ei durch die Gegend werfen und aufeinanderprallende Körper. Football ist US-amerikanische Kultur in ihrer Quintessenz. Die Geschichten sind ja Legende: Zum Beispiel, dass in der Halbzeit der Wasserverbrauch in ungeahnte Höhen schießt, weil alle gleichzeitig aufs Klo rennen.

In der fantastischen neuen Arena in New Orleans kam es 2013 zum Aufeinandertreffen der Baltimore Ravens mit ihrem Quarterback Joe Flacco, der eigentlich nie sonderlich im Mittelpunkt stand – wenn du jedoch im Superbowl spielst, dann stehst du auf jeden Fall im Fokus –, und den San Francisco 49ers, bei denen ein aufstrebender junger Spielgestalter die Saison über für Aufsehen gesorgt hatte. Die Rede ist von Colin Kaepernik.

Die 49ers waren, vor allem in Europa, ich will nicht sagen *Everybody's Darling*, aber diejenige Mannschaft, die die meisten Fans hinter sich vereinen konnte. Aber bei den Baltimore Ravens spielte mit Ray Lewis eine der schillerndsten Figuren in der NFL. Alles in allem also beste Voraussetzungen für ein heißes Duell.

San Francisco war für die Experten der Favorit. Aber es hieß auch, wenn Baltimore in der Verteidigung gut dagegenhalten kann und Flacco einen Sahne-Tag erwischt, dann sind die Ravens alles andere als chancenlos. Aber es kam noch überraschender. Von Anfang an dominierten die Ravens die Partie, und das blieb die ganze erste Hälfte, also in den ersten beiden Vierteln, so. Wir dachten, ach du meine Güte, das kann doch nicht wahr sein, das ist eine so einseitige Angelegenheit, da bleibt in Deutschland kein Zuschauer mehr dran. Baltimore setzte sich immer weiter ab. Aber dann gab es, bei vermeintlich glasklarer Führung der Ravens, einen Stromausfall.

Das Spiel musste für insgesamt 36 Minuten unterbrochen werden. Nur noch vereinzelte kleine Lichter waren in der Arena in New Orleans zu sehen, ansonsten alles zappenduster. Auch die Klimaanlage war ausgefallen. Es ging nichts mehr.

Jetzt zeigte sich, wie weise die Entscheidung von SAT 1 im Vorfeld des Superbowl gewesen war, einen sogenannten Backup-Kommentator in München zu installieren. Das war der geschätzte Kollege Jörg Opuchlik. Er bekam trotz des Stromausfalls noch Bilder übermittelt. Da unsere Tonleitung unterbrochen war, Jan Stecker und ich nicht mehr sprechen konnten –, also wir konnten noch sprechen, aber keiner hat es gehört – kommentierte Jörg diese Bilder aus München, etwa die Arena und Spielerporträts. Außerdem hatten wir das Riesenglück, dass unsere Kamera direkt unten am Spielfeldrand funktionierte. Obwohl eine so genannte E-Kamera, also an den Stromkreislauf angeschlossen, lief sie dennoch. Dies war die Stunde unseres Field-Reporters Flo Bauer. Zwar konnte er während der Unterbrechung keinen der Verantwortlichen oder der Spieler vor die Kamera zerren. Stattdessen interviewte er aber minutenlang die mexikanische, recht hübsche Kollegin, was sehr unterhaltsam war. Und nach dem Spiel gelang es ihm, dem deutschen Journalisten, den Chefcoach der Siegermannschaft als erster live ans Mikrofon zu bekommen. Wie eine richtige Rampensau hatte er sich an allen Kollegen vorbeigewühlt. Flo Bauer erlangte an diesem Abend Kultstatus!

Das alles muss auch in Deutschland viele Leute beeindruckt haben. Denn insgesamt verfolgten die Übertragung, die bis 4.50 Uhr deutscher Zeit am Montagmorgen lief (nach uns kamen direkt die Kollegen vom SAT 1-Frühstücksfernsehen), rund eine Million Zuschauer. Sogar während des 36-minütigen Stromausfalls mitten in der Nacht saßen 900 000 am Bildschirm. Böse Zungen behaupten, die wären alle eingeschlafen. Aber es war eine Übertragung, von der man hinterher sprach. Total happy waren wir auch deswegen, weil die eingeschworenen Football-Fans scheinbar sehr zufrieden mit uns waren.

Die Belohnung für unsere Arbeit war die Nominierung für den Deutschen Fernsehpreis 2013. Am Ende hat es leider nicht geklappt. Aber allein die Tatsache, dass wir mit einer Randsportart wie American Football von der Jury nominiert worden waren, empfanden wir als große Ehre und schöne Bestätigung.

Baltimore gewann das Spiel, am Ende verdient, auch wenn die San Francisco 49ers nach dem Stromausfall noch mal herankamen. Und wie die kamen. Plötzlich war es ein offenes und richtig spannendes Football-Match. Wer bis dahin drangeblieben war, der konnte nun nicht mehr abschalten, weil das Spiel nun ein richtiger Krimi war.

Du kannst im Grunde alles nur so gut machen wie das Ereignis es vorgibt. Du bist nicht unabhängig von dem, was die Protagonisten, also die Sportler auf dem Parkett, auf dem Feld, im Schwimmbecken, wo auch immer, veranstalten. Wenn das nicht dramatisch, nicht spannend, wenn das nicht große Unterhaltung ist, dann kannst du dich auf den Kopf stellen und mit den Füßen wackeln als Kommentator, dann hast du keine Chance, die Leute irgendwie mitzunehmen.

Das darf man nie vergessen. Dass dies aber ebenso für kleinere Sportarten, die in Deutschland keine große Bedeutung haben, gilt, dafür ist der Superbowl 2013 ein Paradebeispiel. Ich möchte behaupten, kaum einer kannte die Regeln. Aber es war besonders, es war dramatisch, es war spannend. Und es hat tierisch Spaß gemacht.

HERTHINHO

MANCHMAL MUSS MAN ja aufpassen, was man sagt. Manchmal schlägt ein Kommentar solche Wellen, dass man sich nur wundern kann. Folgende kleine Geschichte sorgte in einigen Teilen der Republik für Belustigung, in einer Region aber auch für pures Entsetzen. Die Episode zeigt, wie schmal der Grat zwischen »seriöser« Fußball-Berichterstattung und dem Bemühen, etwas zur Unterhaltung beizutragen ist, auch und gerade, wenn unten auf dem Rasen wenig passiert.

Es war an einem dieser heißgeliebten Montagabende, bei der Live-Übertragung des Zweitliga-Spitzenspiels Hertha BSC gegen 1. FC Kaiserslautern in der Saison 2012/13. Beide Vereine kämpften um den Aufstieg. Das heißt, die Hertha war eigentlich schon durch, der Marsch in die erste Liga eigentlich nur noch Formsache. Kaiserslautern dagegen zitterte noch (und tatsächlich reichte es für die Pfälzer am Ende nicht, nach 28 Jahren schaffte es stattdessen die Eintracht aus Braunschweig – wenn auch mit einem Pfälzer als Trainer).

Ich saß als Live-Kommentator auf der Tribüne, an meiner Seite Marko Rehmer als einer der Sport1-Experten (er wechselte sich in dieser Funktion regelmäßig mit Peter Neururer ab). Marko und ich waren ein eingespieltes Team, hatten einen lockeren Umgangston und gaben uns Mühe, die Spiele einigermaßen unterhaltsam zu gestalten, was nicht immer einfach war ...

Nun machte es uns ausgerechnet dieses Spitzenspiel nicht leicht. Es lief, wie Zweitliga-Topspiele oft so laufen. Wenn es um viel geht, will keiner etwas falsch machen, keiner zu viel riskieren, sind alle ein bisschen verkrampft – um in die Sportreporter-Sprache zu verfallen. Anders ausgedrückt: Was da auf dem Rasen des Olympiastadions passierte, war schlicht und ergreifend zum Einschlafen. Das spiegelte sich auch im Ergebnis. Zur Pause stand es 0:0. Kaiserslautern tat einfach nicht genug für das Spiel nach vorne, und Hertha hatte es nicht nötig, zeigte sich überlegen, ohne zu glänzen. Unterm Strich: ein ganz gewöhnliches Fußballspiel in der zweiten Fußballbundesliga an einem stinknormalen Montagabend.

Marko Rehmer und ich übten uns derweil im Foppen und Sticheln. Unser Spielchen ging für gewöhnlich so: Wer den nächsten Torschützen erriet, der war der wahre Experte. Zu dem Zeitpunkt konnte Marko Rehmer diesen Titel für sich beanspruchen. Er hatte beim Derby Union gegen Hertha einen Freistoßtreffer des Brasilianers Ronny von Hertha BSC vorhergesagt. Seitdem war er, der ehemalige Nationalspieler, Fußballgott. In jenem Spiel übrigens, Union gegen Hertha, hatte ich nach einem Torjubel von Sandro Wagner – Fußballfans werden sich erinnern, Wagner hatte immer so einen

Roboter-Jubel – gesagt: »Guck mal, Marko, so wie der jubelt, hast du früher Fußball gespielt.« Das war eine spontane Äußerung. Solche Dinger kommen ja immer aus dem Bauch heraus, die denkt man sich nicht vorher aus. Marko konnte darüber herzhaft lachen. Ich bin der festen Überzeugung, dass etwas Humor einer Sportübertragung gut tut! Locker heißt doch nicht automatisch unseriös. Ich hatte nie den Eindruck, dass die Sportler sich von mir nicht ernst genommen fühlten.

Nun saßen wir also zusammen im Berliner Olympia-Stadion und verfolgten dieses vor sich hin plätschernde Spiel zwischen der Hertha und dem 1. FC Kaiserslautern. Das ist natürlich nichts Schlimmes, das gehört zum Job dazu, das machen die Mannschaften ja auch nicht extra, das weiß ich auch. Aber im Laufe der zweiten Halbzeit kamen wir an einen Punkt, an dem ich zu Marko Rehmer sagte: »So, Marko, du hast ja hellseherische Fähigkeiten, wird hier noch ein Tor fallen? Und wer wird es schießen?« Der Fußballgott aber sprach: »Ganz klar, Peer Kluge macht das erste Tor.«

Ausgerechnet Peer Kluge, das konnte ja nicht sein! Das letzte Heimtor des Mittelfeldspielers lag gefühlte Ewigkeiten zurück. Daher erwiderte ich spontan: »Marko, wenn das passiert, dann kommentiere ich das nächste Spiel hier im Herthinho-Kostüm.« (Für alle Nicht-Herthaner: Herthinho ist das Maskottchen des Vereins.)

Unterdessen lief das Spiel weiter. Ich kommentierte: »Angriff Hertha. Pass zu Kluge ...« Ich traute meinen Augen kaum. Peer Kluge lief auf das Lauterer Tor zu, keiner stoppte ihn und er machte das Ding rein. Rehmer flippte völlig aus. Ich: »Nein, nein, nein, das kann doch nicht wahr sein!«

Das war ein richtiger Brüller.

Man kann jetzt vielleicht sagen, und das taten einige Lauterer Fans: Das ist doch eine Veralberung des Fußballsports! Manche beschwerten sich bitterlich. Bei Sport1 gingen wohl an die 100 entsprechende Mails ein. Jeder, der das Spiel sah und nicht unmittelbar als Hardcore-Fan beteiligt war, musste aber doch erkennen, dass weder Marko Rehmer noch ich gegen Kaiserslautern waren. Ganz im Gegenteil, mein »Nein, nein, nein« hieß doch eigentlich, wenn man es genau nimmt, dass ich gegen ein Tor der Berliner war ... In mehreren überregionalen Zeitungen wurde der Kommentar und die Aktion ausdrücklich gelobt, so eine gute Presse zum Montagabend hatte der Sender selten.

Wie dem auch sei, für unseren kleinen Ausfall entschuldigte ich mich per Videobotschaft über meinen eigenen YouTube-Kanal bei allen Fans des 1. FC Kaiserslautern, falls sie sich verschaukelt gefühlt haben sollten. Später wunderte sich Stefan Kuntz, der Vorstand des FCK, warum ich mich nicht einfach der Erklärung von Sport1 angeschlossen hätte. Der Sender hatte sich bemüßigt gesehen, sich für die Kommentatorenentgleisung beim Verein zu entschuldigen, dann aber nicht die Traute gehabt, mich darüber zu informieren. Hätte ich eigentlich ganz gut gefunden und mich sicher auch geäußert.

Egal, jedenfalls gab es eben auch die Schlagzeile: »TV-

Kommentator muss im Herthinho-Kostüm kommentieren.«

Ich möchte an dieser Stelle noch einmal klarstellen: Mir ist bewusst, welch intensives Fan-Leben der geplagte Fußball-Anhänger mitunter führt, und ich verstehe durchaus, wenn die Neven schon mal blank liegen. Auch gebe ich zu, dass etliche Kollegen zu mir sagten, du hast sie ja nicht alle, das kannst du doch nicht machen. (Andere wiederum meinten, das sei großartiges Entertainment gewesen.)

Folgendem Vorwurf will ich mich gerne stellen: Wenn man so kommentiert, wie ich es tue, kann schon mal der Eindruck entstehen, dass der Kommentator sich selbst und gute Unterhaltung für wichtiger hält als das eigentliche Spiel. Das allerdings würde meiner Maxime als Sportreporter widersprechen. Die lautet nämlich: Entscheidend ist immer, was auf dem Platz passiert. Man kann darüber diskutieren, ob ich im Berliner Olympiastadion, beim Spiel Hertha gegen Kaiserslautern, von dieser Maxime etwas zu weit abgewichen bin. Aber wenn ich nur am Spiel drangeblieben wäre, dann hätte der Kommentar vielen Fans ganz sicher erst recht nicht gefallen ...

Ich muss aber ehrlich zugeben, ich fand es lustig, wie der Kluge plötzlich nach ewig und drei Tagen wieder ein Tor für Hertha im eigenen Stadion machte, nachdem dies der Fußballgott vorhergesagt hatte, und, meine Güte, auch das will ich nicht verschweigen, ich hätte gerne im Herthinho-Kostüm kommentiert! Es kam dann leider anders. Die Hertha wollte das nicht, sie sagten, Herthinho hätte seine eigene

Identität, da könnte nicht einfach irgendein Fernsehmann reinschlüpfen. Und auch die Verantwortlichen von Sport1 waren von der Idee wenig begeistert.

Das ist der Grund, warum ich meine Wettschulden (die ja bekanntlich Ehrenschulden sind) nie eingelöst habe.

BUSCHI-TV

NACH 20 JAHREN bei Sport1, dem ehemaligen Deutschen Sportfernsehen, begann für mich wieder ein neuer Lebensabschnitt. Der Sender und ich, wir trennten uns. Unsere Vorstellungen passten nicht mehr zusammen. Aber so was passiert. Trennungen wird es immer geben.

Ich wollte meine Sport-Bekloppheit, meinen Sportwahnsinn nochmal auf eine ganz andere Art und Weise ausleben. Jetzt, mit Ende 40, war ich bereit, etwas Neues auszuprobieren, etwas zu machen, bei dem die Leute sich möglicherweise an den Kopf fassten, wo ich mich aber richtig austoben konnte. Natürlich interessieren mich Fußball und Basketball, klar, wen interessiert das nicht! Aber Sport ist ein viel weiteres Feld. Warum nicht mal was über Pool-Billard machen, über Eisbach-Surfen, Thaiboxen oder Tisch-Kicker? Aus Sicht Vieler vielleicht eine abstruse Idee. Aber mich begeistern die sogenannten Randsportarten, die so selten im Fokus stehen – und die mir ganz einfach Spaß machen.

Wieder einmal eilte der Zufall zu Hilfe (Schicksal ist mir zu groß, da gibt es wichtigere Dinge im Leben). Bereits wenige Tage, nachdem geklärt war, dass die Zusammenarbeit mit Sport1 im Sommer 2013 beendet sein würde, bekam ich einen Anruf von Sony Music: »Könnten Sie sich vorstellen, einen YouTube-Channel zu bespielen und einfach Sie selbst zu sein?« Ja war es denn möglich, wollte man mich in meiner Verrücktheit auch noch unterstützen? Genau danach sah es aber offensichtlich aus. Wenn ich das richtig verstanden hatte, zeichnete sich hier das perfekte Forum für meine Ideen ab. Und ob ich mir das vorstellen konnte! Ich sprang im Achteck und stürzte mich mit Begeisterung auf die neue Aufgabe.

Wieder war es Pionierarbeit. Natürlich sind YouTube Channels keine neue Erfindung, waren es zu diesem Zeitpunkt schon nicht mehr. Aber ich wollte es doch irgendwie anders angehen, wollte nicht irgendwie mit nacktem Hintern durch die Gegend springen, um möglichst viele Klicks zu generieren. Mir schwebte vor, mit – wie sagt man heute? – Content zu punkten. Ich war überzeugt und bin es mehr denn je: Man muss sich nicht verbiegen, man kann die Leute packen, wenn man nur authentisch ist und ihnen gute Inhalte aus ganz persönlicher Sicht vermittelt. Wir leben in Zeiten, in denen sich die Mediennutzung ganz extrem verändert, und dem wollten wir, Sony, die Produktionsfirma All about Video und ich, Rechnung tragen.

Und so kam es, dass ich mich beim Eisbachsurfen filmen ließ (auch wenn ich dabei aussah wie eine schwangere Auster), mit dem 40fachen Billardpool-Europameister Trick Shots einübte, lernte, wie man richtig kickert, und durchs

Westfalen-Stadion in Dortmund rannte, um Unsinn zu machen. Letzteres, die Mischung von Entertainment und Sport, ist für mich übrigens kein Makel, wenn sie nicht in Clownerie ausartet. Kurz, ich lebe bei Buschi-TV voll aus, was mich als Fan interessiert, was ich selber im herkömmlichen TV oft vermisse.

Das You-Tube-Channel-Format bietet einfach ganz viele tolle Möglichkeiten, die ganz sicher noch nicht ausgeschöpft sind. Mit Friedhelm Funkel philosophierte ich zum Beispiel drei Sequenzen à 20 Minuten lang intensiv über das Trainerwesen im Speziellen und über Gott und die Welt im Allgemeinen. Und mit Kevin Prince Boateng führte ich jenes lange und sehr ausführliche und von daher etwas ungewöhnliche Interview, das aber bald von sich reden machte, weil Boateng da noch von Borussia Dortmund schwärmte.

Ich kannte Boateng von einem Club-Urlaub her. Er kümmerte sich damals um den Sohn eines Freundes von mir, wir kickten ein bisschen zusammen und quatschten über Dinge, die ihn bewegten, auch über seine Vergangenheit. So lernte ich ihn etwas besser kennen. Natürlich ist das nicht mit Freundschaft zu verwechseln. Aber man merkt doch sehr schnell, ob man mit jemandem auf einer Wellenlänge liegt. Beim Audi-Cup 2013 ergab sich im Team-Hotel des AC Mailand, bei dem Boateng zu diesem Zeitpunkt noch unter Vertrag stand, die Gelegenheit zu einem Interview. Wir unterhielten uns sehr offen unter anderem über den Rassismus in Italien, seine geplante Rückkehr in die Fußball-Bundesliga, seine große Zuneigung zu Jürgen Klopp und sein tolles Verhältnis zu Borussia Dortmund. Nach diesem Bekenntnis bei Buschi-TV lag die Vermutung nahe, dass Kevin Prince Boateng nach Dortmund zurückkehren würde. Es dauerte indes nicht lange, da unterschrieb er ausgerechnet – aus Dortmunder Sicht – beim FC Schalke 04. Um das an dieser Stelle klar zu sagen: Ich bin mir relativ sicher, dass er das zum Zeitpunkt des Interviews noch nicht gewusst hat. So ein guter Schauspieler ist er nicht. Es gab daraufhin einen riesen Bohei, die Leute stellten ihn in die Ecke und bezeichneten ihn als typischen Söldner. Der Mann ist aber Fußballprofi. Ich hatte das Gefühl, dass er sich in Italien vor allem aufgrund des grassierenden Rassismus' einfach nicht mehr wohl fühlte und dass er gerne näher bei seinem Sohn sein wollte, der in Düsseldorf lebt. Kevin Prince Boateng mag polarisieren, aber ich finde es legitim, dass er dem Angebot von Schalke nachgegangen ist, auch wenn dies Jürgen Klopp und mit ihm sehr viele andere mehr als erstaunte.

Die Bestätigung für das, was ich machte, bekam ich schon sehr bald nach dem Start von Buschi-TV. Immer mehr Sportverbände, die nichts mit Boxen, Formel 1 oder Fußball zu tun hatten, kamen auf mich zu, etliche Sportler kontaktierten mich und signalisierten von sich aus den Wunsch, Interviews bei Buschi-TV zu geben. Das zeigte mir, dass die Sportbranche registrierte, was ich machte. Bei mir sind eben Dinge möglich, die im Sport-TV nicht gehen, sei es aus Kostengründen, sei es aus Zwängen, die Einschaltquoten betreffend, sei es aus Bequemlichkeit oder Angst vor Neuem.

Dafür habe ich übrigens durchaus Verständnis. Ein Vollprogramm kann sich schlecht auf Billard-Trick-Shots kaprizieren. Aber ein YouTube Channel findet nicht zu einem festen Zeitpunkt statt, den kann man anschauen, wann immer man will. Das ist ein großer Vorteil gegenüber dem TV. Wer Lust hat, vielleicht auch mal ein etwas ausführlicheres Interview mit einem Kanuten oder einer Kugelstoßerin zu sehen, kann das das tun, wann immer er möchte.

Ich bleibe da auf jeden Fall dran. Es gibt so viele Sportinteressierte in unserem Land, und es gibt so viele Dinge im Sport, die bisher noch nicht gezeigt wurden. Das möchte ich mit Buschi-TV weiter verfolgen.

Was übrigens nicht heißt, dass ich die Sportberichterstattung im TV totsage. Ich glaube, dass sich beides wundervoll ergänzen und befruchten kann. Internet und YouTube-Kanäle sind für das TV keine Killer. Fußballspiele werden immer Massenereignisse sein, die ins Fernsehen, auf die große Leinwand gehören.

Man muss sich aber einfach mal trauen. Und manchmal muss man ein bisschen angeschoben werden, um sich zu trauen. Ich werde hoffentlich noch ganz viele spannende Sportler und Sportarten kennenlernen, von denen ich bisher überhaupt nichts kannte oder wusste. Das ist meine Triebfeder.

Denn inzwischen gehe ich stark auf die 50 zu. Wer weiß, wie lange ich mich noch auf irgendwelche Surfbretter, Trick-Ski oder sonst was werde stellen können?

DIE GESCHICHTE MIT DER LINSENSUPPE

ALS LETZTES MÖCHTE ICH einen Mythos aufklären. Durch meinen Facebook-Wahnsinn ist das Bild einer Linsensuppe nebst dazugehörigem Rezept zum Running Gag auf meiner Facebook-Seite geworden.

Es war an einem Samstagmittag. Eigentlich hatte ich ein freies Wochenende und mit meiner Frau verabredet, dass wir zusammen einkaufen gehen und später gemeinsam eine Linsensuppe kochen würden. Endlich war mal wieder Familiensamstag angesagt, im Berufsalltag eines Fußballbundesliga-Kommentators während der Saison eine Seltenheit. Aber heute war ich nicht eingeteilt.

Aber dann kam der Anruf aus Ismaning: »Buschi, du musst einspringen, Hansi Küpper ist krank, hat keine Stimme mehr. Du musst sein Spiel machen.« Ich glaube, das war Wolfsburg gegen Schalke in der Saison 2012–2013. Meine Güte, wie präsent mir das alles ist, direkt unheimlich! Ja, es war Wolfsburg gegen Schalke 2012–2013. Also gut, der Kollege Küpper konnte nicht. Und da war es in der Liga-Total-Redaktion selbstverständlich: Wenn Not am Mann ist, springt man ein. Ich musste es nur noch meiner Frau erklären: »Schatz, du kennst das ja, Hansi Küpper ist krank, ich kann nix dazu, ich muss jetzt gleich rüber nach Ismaning in die Kommentatoren-Box, ich bin in der Konferenz eingeteilt für Wolfsburg gegen Schalke, das verstehst du doch, der Hansi ist krank, der kann nicht. Die haben keinen andern ...«

Klar, meine Frau war alles andere als begeistert. Es war ja nicht das erste Mal (wobei auch mal Leute für mich eingesprungen sind). Ich konnte sie verstehen, andererseits konnte ich die Jungs nicht hängen lassen. Leicht resigniert sagte sie, dann solle ich wenigstens noch einkaufen gehen, die Zutaten für die berühmt-berüchtigte Linsensuppe besorgen.

Es war also die klassische Situation, eigentlich kann man nix dazu, aber der Stress ist vorprogrammiert ...

Ich saß wie auf glühenden Kohlen, als sie mir was von Brühpolnischer und Linsen und Kartoffeln und ich weiß nicht, Speck und wie geschnitten und Wahnsinn was erzählte. Ich sprintete los. Hatte natürlich ein schlechtes Gewissen. »Brühpolnische« – mein lieber Schwan. Aber nutzte nichts, ich musste die Zutaten zusammenbringen. Vom gemeinsamen Kochen konnte freilich nicht mehr die Rede sein. Ich glaube, meine Frau hatte die Idee gehabt, dass ich mal mitkriege, wie das funktioniert, dass ich mal lerne, selber so 'ne Linsensuppe zu kochen. Und ich war ja auch bereit. Der gute Wille war da. Aber dann ist es beim Einkaufen geblieben. Ich habe aber, glaube ich, alle Zutaten richtig zusammenbekommen.

Nachdem ich alles schnell nach Hause geschafft und meine Frau im Endeffekt damit alleine gelassen hatte, hastete ich weiter ins Studio nach Ismaning, wo wir mit Liga Total beheimatet waren, in die Kommentatoren-Kabine – Treffpunkt war immer so um 12.30 Uhr.

Warum ich aber diese Geschichte mit den kleinen Differenzen, die ich mit meiner Frau wegen des verpatzten Familien-Samstags hatte – sie war wirklich not amused (dass ich wieder mal weg musste, wir nicht zusammen kochen konnten, obwohl doch alles anders besprochen war) –, warum ich diese Geschichte dann bei Facebook postete, bevor ich zu Liga Total düste (logischerweise noch ohne das Bild von der Linsensuppe, die ja noch nicht gekocht war, Asche über mein Haupt!), ist mir selber ein Rätsel.

Als die Live-Konferenz beendet war, ich den Beitrag für die Highlights des Spieltags geschnitten hatte und so gegen 19.30 Uhr nach Hause kam, da war die Linsensuppe bereits fertig.

Die Suppe (wenn man sie ein, zwei Tage ziehen lässt, schmeckt sie noch besser), stand also fertig auf dem Tisch, als ich kam. Serviert in unserem großen, schönen, silbernen, unfassbar teuren Topf. Wenn ich darüber nachdenke, was der gekostet hat. Es ist ein wirklich schöner Topf, den wir uns irgendwann einfach mal geleistet haben. Als ich diesen Topf da stehen sah, sagte ich mir, so, jetzt hast du die Geschichte angefangen heute via Facebook, jetzt zeig denen auch die Linsensuppe. Also machte ich ein Foto von der Linsensuppe, postete auch dies und schrieb dazu: Da ist sie!

Daraufhin entwickelte die Sache eine Eigendynamik, mit der ich nie im Leben gerechnet hatte. So unglaublich viele Menschen meldeten sich, liketen den Post nicht nur, sondern kommentierten ihn aus allen Blickwinkeln (auf meiner Facebook-Seite ist das ja generell so, dass die Likes nicht so entscheidend sind, sondern vielmehr die Kommunikation, die untereinander stattfindet). Rezepte für Linsensuppen wurden ausgetauscht und nebenbei mein Schicksal erörtert, am Wochenende arbeiten zu müssen, obwohl eigentlich Familientag mit gemeinsamem Kochen angesagt war. Oder war es umgekehrt, diskutierten die Leute vor allem die Gefahr der Vernachlässigung und Entfremdung aufgrund von Wochenendarbeit, die einen nicht zusammen kochen lässt, und tauschten nebenbei ihre Lieblings-Linsensuppen-Rezepte aus?

Wie dem auch sei, ich fand das alles großartig.

Ich glaube, das Bild von dem Topf Linsensuppe war bis heute insgesamt dreimal auf meiner Facebook-Seite zu sehen. Immer dann, wenn wir wieder mal, genauer: wenn meine Frau wieder mal Linsensuppe kocht, zeige ich den Leuten, wie lecker die aussieht in dem schönen Topf. Und jedes Mal geht das Ding durch die Decke und ist so zu einem Running Gag geworden.

Und da viele nicht nur das Bild sehen wollen, sondern auch nach dem Original-Rezept meiner Frau fragen, sei es hier weltexklusiv abgedruckt: Die Buschmann'sche Linsensuppe, die damals beinahe von uns beiden, meiner Frau und mir, zusammen gekocht worden wäre, wenn Hansi Küpper nicht krank geworden wäre und ich für ihn in der Fußballbundesliga nicht hätte einspringen müssen, was für einigen familiären Unmut sorgte.

Aber die Suppe ist wirklich lecker und schmeckt bei meiner Frau am besten!

ZUTATEN

3,5 Liter Wasser
1 Päckchen braune Linsen Tellerlinsen (500 g)
(solche, die nach ca. 45 gar sind)
Gemüsebrühe (Pulver)
7–8 Polnische oder Mettwürste
1 kg Kartoffeln (vorwiegend festkochende)
300 g Wammerl oder durchwachsener Speck
1 mittelgroße Zwiebel
1–2 Knoblauchzehen
Pfeffer
Worcester Sauce
Paprikapulver edelsüß
Tafelessig (unverdünnt)
Zucker

Das Wasser, die Linsen und 1 EL Brühe in einen großen Topf geben (Achtung, es folgen noch die Kartoffeln und die Würstchen, der Topf muss also wirklich groß sein!) und alles aufkochen. Anschließend ca. 35 Minuten leicht köcheln lassen.

In der Zwischenzeit die Kartoffeln schälen und in gleichgroße Würfel schneiden. Mettwürste/Polnische in Scheiben schneiden. Wammerl/Speck klein würfeln; größere, reine Fettstücke zur Seite legen (falls vorhanden, auch die Schwarte), sie werden ebenfalls benötigt.

Die Zwiebeln und den Knoblauch sehr klein schneiden (ich benutze immer eine Knoblauchpresse).

Wenn die Linsen 35 Minuten kochen, die Kartoffeln dazugeben. Je nach Größe die Kartoffelwürfel ca. 10 Minuten mitkochen lassen. Dann die Wurstscheiben ebenfalls dazugeben. Nach weiteren 5 bis 10 Minuten sollten die Kartoffeln gar sein.

Währenddessen die größeren, reinen Fettstücke und gegebenenfalls die Schwarte zuerst in die Pfanne legen und kräftig ausbraten (das ausgelassene Fett aus dem Speck ist ganz wichtig für den Geschmack), dann die Speckwürfel dazugeben und knusprig anbraten. Zum Schluss die Zwiebeln und den Knoblauch dazugeben und andünsten.

Wenn die Kartoffeln und die Wurst gar sind, den Speck (außer die Schwarte und die ausgelassenen größeren Stücke), die Zwiebeln, den Knoblauch und natürlich auch das ausgelassene Fett zu den Linsen geben.

Dann geht es ans Würzen. Hier nur nicht zimperlich sein: mit ordentlich edelsüßem Paprika, einigen Tropfen Worcester Sauce, 2–3 TL Zucker, Pfeffer, Brühpulver (statt Salz) und abschließend einem Schuss Tafelessig abschmecken. Ich mache immer mindestens drei »Abschmeckungsrunden« ;-) Und das war's!

GUTEN APPETIT!

Übrigens:
Am besten schmeckt die Suppe, wenn sie einen Tag durchgezogen ist. Dann wird auch die Konsistenz sämiger.

Und – ich stelle gerne den Essig mit auf den Tisch, dann kann jeder nach belieben »nachwürzen«, aber kleine Mengen machen hier schon viel aus, also bitte mit Vorsicht genießen ;-)

Ich freue mich über ein Feedback!

Edel Books
Ein Verlag der Edel Germany GmbH

Copyright © 2014 Edel Germany GmbH,
Neumühlen 17, 22763 Hamburg
www.edel.com

3. Auflage 2014

Projektkoordination, Redaktion, Lektorat:
Dr. Marten Brandt
Umschlagfoto: All about Video GmbH / Marco Wagner
Layout und Umschlaggestaltung: Lars Hammer,
Groothuis. Gesellschaft der Ideen und Passionen mbH
www.groothuis.de

Druck und Bindung: optimal media GmbH,
Glienholzweg 7, 17207 Röbel/Müritz

Alle Rechte vorbehalten. All rights reserved.
Das Werk darf – auch teilweise – nur mit Genehmigung
des Verlages wiedergegeben werden.

Printed in Germany

ISBN 978-3-8419-0270-2